FALKEN
BÜCHEREI

Friedrich u. Heidrun Jantzen

# Unkraut
## im Garten

**erkennen und benennen**

FALKEN
VERLAG

Titelbild: Gemeiner Löwenzahn
Seite 1: Drüsiges Springkraut
Seite 2: Große Brennessel

CIP-Kurztitelaufnahme der Deutschen Bibliothek

**Jantzen, Friedrich:**
Unkraut im Garten: erkennen und benennen / Friedrich u. Heidrun Jantzen. –
Niedernhausen/Ts.: Falken-Verlag, 1983.
   (Falken-Bücherei)
   ISBN 3-8068-0637-3
NE: Jantzen, Heidrun:


ISBN 3 8068 0637 3

Die Ratschläge in diesem Buch sind von Autor und Verlag sorgfältig erwogen
und geprüft, dennoch kann eine Garantie nicht übernommen werden. Eine
Haftung des Autors bzw. des Verlages und seiner Beauftragten für Per-
sonen-, Sach- und Vermögensschäden ist ausgeschlossen.
Titelbild und Fotos: Friedrich Jantzen
Satz: H.G. Gachet & Co., 6070 Langen
Druck: Karl Neef GmbH & Co., 3120 Wittingen 1
817  2635  4453  6271

# Inhalt

# Was ist Unkraut?

Pflanzen, die sich zwischen Kulturpflanzen ansiedeln und diesen den Platz fortnehmen, bezeichnet man allgemein als Unkräuter. In dieser Aussage kommt eine rein ökonomische (wirtschaftliche) Definition zum Ausdruck. In der Ökologie, der Wissenschaft von den Wechselbeziehungen zwischen den Organismen und ihrer Umwelt, ist die Bezeichnung Unkraut eigentlich gegenstandslos. Den Ökologen interessieren die Ursachen, die dazu führen, daß sich bestimmte Pflanzen im allgemeinen Naturgeschehen stärker ausbreiten oder andere verdrängt werden.
Die Ökologie ist ein Teilgebiet der Biologie. Die Biologen haben die Abfolge der Besiedlung von Freiräumen mit Pflanzen genau untersucht und festgestellt, daß sie in immer wiederkehrenden Gesetzmäßigkeiten erfolgt. Sie nennen sie *Sukzessionen* (Abfolgen). Der Endzustand der Besiedlung eines Gebietes mit einer Pflanzengesellschaft unter sich nicht mehr verändernden Umweltbedingungen ist der Klimaxzustand. Ohne Einfluß des Menschen wäre die Klimaxpflanzengesellschaft in Mitteleuropa weitestgehend Wald.
Da für Siedlungen und Landwirtschaft große Landflächen waldfrei gehalten werden, entstehen Kulturlandschaften verschiedenster Art mit jeweils typischen Pflanzengesellschaften. Immer aber steht das Bestreben der Wildpflanzen im Hintergrund, die Flächen durch Sukzession wieder zu schließen. So ist es zu erklären, daß dem wirtschaftenden Menschen bestimmte Wildpflanzen im Wege sind, und er immer wieder versucht, sie zu verdrängen.

# Warum verunkrautet der Garten?

In der Landwirtschaft sind Unkräuter wirtschaftlich gesehen von großer Bedeutung. Wenn man sich hier um eine intensive, heute sogar radikale Bekämpfung bemüht, stehen dahinter durchaus verständliche Gründe. In der Intensivlandwirtschaft ist die Unkrautbekämpfung zu einem Problem geworden. Wenn auch die derzeit angewendeten Bekämpfungsmethoden aus ökologischer Sicht als fragwürdig angesehen werden müssen, so wird es doch kein Zurück zu manueller Beseitigung oder weitgehender Duldung der Unkräuter mehr geben. Die Bemühungen um Verbesserung und Differenzierung in der landwirtschaftlichen Unkrautbekämpfung sind vorhanden, und manche rigorose Methode wird sicher einmal der Vergangenheit angehören.
Doch vergessen wir nicht, Landwirtschaft und Gartenbau schaffen den sogenannten Unkräutern meist erst den nötigen Lebensraum. Unkräuter sind fester Bestandteil von Kulturlandschaften. Hört die Bewirtschaftung bestimmter Landflächen auf, dann ändert sich die Zusammensetzung der Pflanzengesellschaft, das heißt, auch die Unkräuter werden verdrängt.
Im Garten wird in der Regel nicht nach ökonomischen Gesichtspunkten gearbeitet. Es gibt keine Monokulturen, die bestimmte Unkräuter bedingen. Auch erfolgt die Düngung nicht im Hinblick auf Spezialkulturen, sondern sie soll eher einen durchschnittlichen »Normalzustand« hervorbringen.

Damit es im Garten gut wächst, kann man davon ausgehen, daß der Boden – gewollt oder nicht – in der Regel recht stickstoffreich ist. Es siedeln sich bevorzugt stickstoffliebende Arten an. Der »gut gepflegte« Garten ist ökologisch gesehen die Grundlage für eine natürliche Pflanzengesellschaft, die man auch *Ruderalflora* (Trümmerflora) nennt. Man denke nur an Komposthaufen und ähnliches, die durch den Nährstoffreichtum, den sie an die Umgebung abgeben, ein üppiges Unkrautwachstum begünstigen.

Die Kulturpflanzen für den Garten sind Hochzuchtformen von Blumen und Gemüse, die den wildwachsenden Arten in der Durchsetzungskraft meist weit unterlegen sind. Wollen wir sie erfolgreich im Garten züchten, dann müssen wir ihnen helfen, den Lebensraum zu schaffen. Also begegnen wir dem Wildwuchs, der unseren Schützlingen den Platz raubt.

Doch wo man den Kulturpflanzen Platz schafft, haben es auch Wildpflanzen leicht, sich anzusiedeln und auszubreiten. Da sie immer die stärkeren sind, hört auch die Auseinandersetzung mit ihnen nicht auf. So grotesk es scheint, mit einer intensiven Gartenpflege züchten wir ungewollt immer das Unkraut mit. Je mehr freier Platz bleibt, desto mehr Chancen hat auch das Unkraut. Noch eine Tatsache begünstigt die Unkräuter: Sie sind meist Lichtkeimer. Bei der Bodenbearbeitung, besonders beim Umgraben, kommen immer wieder Samen an die Oberfläche, die dann Gelegenheit zum Auskeimen erhalten. Die Keimfähigkeit beträgt häufig viele Jahre oder Jahrzehnte, so daß auch ein von Unkraut befreiter Garten immer wieder Nachschub erhält. Sogar der Landwirt erfaßt mit der chemischen Unkrautbekämpfung meist nicht die im Boden vorhandenen Samen und muß alljährlich von neuem Herbizide verwenden. Natürlich gelangen auch ständig neue Unkrautsamen aus der Umgebung in den Garten, besonders wenn sie wie die des Löwenzahns mit Flugorganen ausgerüstet sind. Auch Wurzelausläufer machen vor dem Gartenzaun nicht halt und dringen ein.

Die Unkräuter des Gartens entsprechen in vielen Fällen denen der Hackfruchtäcker in der Landwirtschaft. Dazu kommen die Unkräuter, die speziell im Rasen auftreten. Auch Wege, Staudenbeete oder Steingärten haben mehr oder weniger typische Unkräuter aufzuweisen.


# »Unkraut« im Naturgarten


Der Begriff Naturgarten ist noch neu, und man versteht durchaus Unterschiedliches darunter. Wir wollen daher klarstellen, worum es hier geht.

Der Garten, der in der Regel ein Hausgarten ist, ist in seiner Anlage künstlich. Man spricht auch von Gartenkunst, und das ist Sinn und Zweck der Gartenliebhaberei. Man ist stolz darauf, eine schöne Gartenanlage schaffen zu können. Dies ist natürlich ohne ständige gestaltende und regulierende Eingriffe unmöglich. Der Garten im üblichen Sinne hört auf zu existieren, wenn die Kulturmaßnahmen eingestellt werden. Er verwildert, das heißt, die Natur erobert dieses Stückchen Land mehr oder weniger schnell durch Sukzession natürlicher Pflanzengesellschaften zurück. Die Kulturpflanzen unterliegen mehr und mehr und verschwinden allmählich ganz. Das Ergebnis ist kein »Naturgarten«, sondern gar kein Garten mehr.

Da nun der Wunsch, ein Kunstwerk aus dem Garten zu machen, auch extrem verstanden werden kann, sind viele Gärten derart herausgeputzt wie eine Wohnstube, die man als »kalte Pracht« in den Häusern früherer Zeiten bezeichnete. Es darf nichts unordentlich sein oder gar benutzt werden. Dieser Art Gärten ist man inzwischen vielfach überdrüssig geworden und sucht nach Möglichkeiten, sie naturnäher zu gestalten.

Ein Naturgarten kann dennoch kein Stück freier Natur sein. Man hat sich aber Gedanken gemacht, wie weit Wildpflanzen überhaupt aus dem Garten gedrängt werden müssen. Dabei kommt man häufig zu der Erkenntnis, daß draußen auch schöne Blumen wachsen und man sie im Garten kultivieren könnte. Weil ihnen dort dieselbe Pflege wie den Kulturpflanzen zuteil wird, entwickeln sie sich meist prächtig und können im Garten einen sicheren Platz einnehmen.

Eine andere Frage ist, wie weit man im Naturgarten Unkräuter dulden kann. Kein Naturgärtner wird gänzlich darauf verzichten können, Unkraut zu beseitigen. Andernfalls könnte er die Kulturpflanzen nicht erhalten. Der Naturgarten stellt also einen Kompromiß dar, durch den ein Nebeneinander von Natur- und Kulturpflanzen ermöglicht wird. In diesem Sinne ist die Naturgartenmethode zukunftsweisend.

Es gibt derart hartnäckige Unkräuter, daß sie auch einen Freund des Naturgartens in Bedrängnis bringen können, zum Beispiel den Zaungiersch oder den Löwenzahn. Er ist gezwungen, radikal gegen sie vorzugehen. Bei anderen Unkräutern ist durchaus zu überlegen, ob man sie begrenzt duldet. So kann zum Beispiel die Vogelmiere als guter Bodendecker die Austrocknung des Bodens herabsetzen, während sie dort, wo gesät oder gepflanzt werden soll, beseitigt werden muß.

*Vogelmiere zwischen Kartoffeln vermindert das Austrocknen des Bodens.*

# Wie erkennt man Unkraut rechtzeitig?

Zu den größten Erlebnissen des Hobbygärtners gehört zweifellos, zu beobachten, wie die Samen aufgehen und die jungen Pflänzchen heranwachsen. Es ist nicht ungewöhnlich, daß man täglich nachschaut, wie es um die Vegetation im Garten bestellt ist. Die Keimzeit der Gartengewächse ist von Art zu Art verschieden. Außerdem hängt sie sehr von den Umweltbedingungen ab. Kühles und nasses Wetter können das Aufgehen der Samen ebenso verzögern wie lange Trockenheit. So kann man nie mit Sicherheit sagen, wann im Freiland gesäte Pflanzen erscheinen werden.

Da aber der Gartenboden stets Unkrautsamen enthält, kommt es leicht vor, daß man das ebenfalls keimende Unkraut für die ersehnte Gartenpflanze hält.

Hier sollen Hilfen gegeben werden, die Unkräuter möglichst schon im Keimlingsstadium erkennen zu lernen. Das ist keine leichte Aufgabe, und eine sichere Beurteilung wird man sich erst mit der Zeit aneignen. Hinweise auf Ähnlichkeiten und Verwechslungsmöglichkeiten werden zwar gegeben, wenn sie klar zutage treten, doch ist das bei der Vielzahl der verschiedenen Kulturpflanzen nicht annähernd vollständig möglich.

Man muß also auch nach anderen Möglichkeiten suchen, sich Klarheit über den genauen Standort der ausgesäten Pflanzen zu verschaffen. Die meist übliche Reihensaat bietet eine gute Gelegenheit dazu. Die Saatrille wird noch vor der Einsaat mit einem beschrifteten Etikett genau markiert. Das Etikett soll den Namen der ausgesäten Art und das Aussaatdatum enthalten. Man kann sich wetterfeste Etiketten leicht aus leeren Joghurtbechern oder ähnlichem zurechtschneiden. Die Beschriftung nimmt man mit einem Fettstift oder einem wasserfesten Filzschreiber vor.

Genau markierte Saatreihen lassen sich besser kontrollieren als nicht markierte oder gar breitwürfige Saat. Das Datum ist wichtig, damit man den ungefähren Zeitpunkt der Fälligkeit der Keimung errechnen kann. Hinweise dazu findet man auf den Samentütchen oder in Gartenbüchern. Wenn man so verfährt, wird man schnell feststellen, ob anstelle der erwarteten Kulturpflanzen Unkraut keimt. Dieses nämlich wächst nicht nur in den Reihen und an ihren Markierungen. Man kann es frühzeitig durch Jäten oder Hacken entfernen. Da ein Hacken zum Auflockern des Bodens ohnehin notwendig ist, ist die Kenntnis der Saatreihen auch aus diesem Grunde wichtig.

Es kann vorkommen, daß die Nutzpflanzensamen aus irgendeinem Grunde nur spärlich oder gar nicht keimen. Das kann witterungsbedingt sein oder auch an schlecht gelagertem Saatgut liegen. Da man beim Bodenauflockern die Zwischenräume zwischen den Saatreihen meist unkrautfrei hält, kann es passieren, daß man dann in den Saatreihen keimendes Unkraut für die Kulturpflanzen hält.

Es empfiehlt sich, in allen Zweifelsfragen zu versuchen herauszufinden, ob es sich um Unkraut handelt. Ist die Keimzeit der Kulturpflanzen überfällig, sollte man eine Nachsaat vornehmen, die dann infolge der fortgeschrittenen, also wärmeren Jahreszeit meist bessere Chancen hat. Es ist wichtig, das Aussehen von Unkräutern kennenzulernen, um die Kulturpflanzen vor ihnen schützen zu können.

# Wie wehrt man sich gegen Unkraut?

Die richtige Einstellung zu den Wildpflanzen, die sich als Unkraut im Garten auszubreiten versuchen, ist eine Art Notwehr. Zu leicht läßt man sich von dem üblichen Begriff »Unkrautbekämpfung« beeindrucken, der einen glauben läßt, eine Art Kampf führe zum sicheren Erfolg. Unkräuter und Ungräser sind und bleiben die stärkeren, und wir müssen uns darauf beschränken, den Nutzpflanzen durch gezielte Eingriffe in das Naturgeschehen den nötigen Lebensraum freizuhalten.

Übrigens können auch bestimmte Kulturpflanzen zu Unkraut werden. Als Beispiel ist in diesem Buch das Drüsige Springkraut aufgenommen, gegen dessen aus den weit weggeschleuderten Samen heranwachsende Nachkommen man sich auch zur Wehr setzen muß.

Es gibt verschiedene Möglichkeiten, Unkraut aus dem Garten zu entfernen. Es sei jedoch ausdrücklich darauf hingewiesen, daß die Verfasser der Meinung sind, Herbizide gehörten eigentlich nicht in den Garten. Darin stimmen sie wohl mit zahlreichen Gartenfreunden überein. Wenn Herbizide derzeit häufig im Garten verwendet werden, dann kann das nur so erklärt werden, daß hier nicht nach ökonomischen Gesichtspunkten gewirtschaftet wird und die Kosten durch die Kleinabpackungen im Einzelfall nicht so ins Gewicht fallen.

Es ist zu hoffen und zu erwarten, daß der Hobbygärtner nach der anfänglichen Euphorie die richtige Einstellung zu derartigen Mitteln finden und seinen Garten so giftfrei wie möglich halten wird. Dennoch werden die Herbizide hier besprochen, da man zur Erhaltung eines (an sich unnatürlichen) Rasens kaum noch auf sie verzichten kann, und damit man informiert ist und in Ausnahmefällen von ihnen Gebrauch machen oder machen lassen kann.


## Jäten

Die Beseitigung von Unkraut mit der Hand ist als Jäten allgemein bekannt. Ausrupfen lassen sich die Pflanzen selten so gut, daß sie auch mit den Wurzeln beseitigt werden. Verbleiben Reste mit vegetationsfähigen Sproßteilen, so treiben viele Arten wieder aus, und der Zweck des Jätens ist nicht erfüllt. Besonders bei schweren Böden empfiehlt es sich, die Pflanzen zusätzlich mit einem geeigneten Messer im Wurzelbereich, also unterirdisch, abzustechen und dann erst herauszuziehen. Das Jäten mit oder ohne Zuhilfenahme eines Abstechmessers ist vor allem bei Samenunkräutern angebracht. Zum Jäten von sehr kleinen (jungen) Unkrautpflanzen kann man eine Pinzette zu Hilfe nehmen.


## Verziehen

In den Saatreihen stehen die Kulturpflanzen meist viel zu dicht, um sich normal entwickeln zu können. Das bedeutet, daß sich die jungen Pflänzchen beim Heranwachsen allmählich gegenseitig den Platz wegnehmen und verkümmert aufwachsen. Wird das notwendige Verziehen (Ausdünnen) unterlassen, dann ist der Effekt schlimmer als die Wirkung von ein paar nicht beseitigten Unkrautpflanzen.

# Mulchen

Die meisten Gartenunkräuter sind Lichtkeimer. Sie entstehen aus den lange haltbaren Samen nur dann, wenn diese durch die Bodenbearbeitung ans Licht kommen. Viel kann man gegen das Auskeimen bereits tun, wenn man den Boden abdeckt.

Während der Aussaat der Kulturpflanzen ist das noch nicht möglich. Wenn diese aber eine bestimmte Höhe erreicht haben, kann man die Umgebung gut, zum Beispiel mit Rasenschnitt, abdecken. Um größere Pflanzen oder ausgepflanzte Sämlinge herum kann man den Boden natürlich sofort abdecken. Dieses Abdecken ist unter der Bezeichnung Mulchen bekannt. Neben der Unkrautverdrängung hat das Mulchen noch weitere Vorteile. Doch muß es wiederholt angewendet werden und darf nicht in dicker Schicht erfolgen. Es gibt auch schwarze Mulchfolie aus Plastik, die über die Beete, die bepflanzt werden sollen, ausgebreitet wird. Für die Pflanzlöcher durchsticht man die Folie an den entsprechenden Stellen. Optimal sind Mulchfolien allerdings nicht, weil sie die Belüftung des Bodens verhindern. Der Einsatz sollte also nur vorübergehend erfolgen, etwa so, daß man sie benutzt, solange die Pflanzen noch klein sind. Wenn diese sich selbst weit ausgebreitet haben und ihre Umgebung beschatten, sollte man die Folie entfernen. Dazu zerschneidet man sie und nimmt die Teile zwischen den Pflanzen heraus.

# Hacken

Auf Saatbeeten ist die Unkrautbeseitigung durch Bearbeiten mit einer scharfen Blatthacke erfolgreich. Beim Durchziehen der oberen Bodenschichten, das gleichzeitig der Lockerung dient, werden die Unkräuter von den Wurzeln abgeschnitten. Damit sind sie meist vernichtet. Die oberirdischen Teile können liegen bleiben, sofern sie noch nicht in Blüte stehen und durch Nachreifen Samen bilden können.

Beete, die häufiger auf diese Weise behandelt werden, sind in der Regel so unkrautfrei, daß man kaum noch zu jäten braucht.

# Ausgraben

Wurzelunkräuter lassen sich nicht durch Jäten oder Hacken beseitigen. Die weitverzweigten und verfilzten Wurzelsysteme müssen ausgegraben werden. Am besten eignet sich dazu eine Grabgabel, mit der die Wurzelsysteme wenig beschädigt werden. Es kommt darauf an, die Wurzeln, die oft auch unterirdische Sproßteile enthalten, so vollständig wie möglich aus dem Boden zu sammeln. Abgetrennte Stücke können neue Pflanzen bilden und dadurch sogar noch zur Vermehrung des Unkrauts beitragen.

Besonders schwierig ist die Beseitigung von Wurzelunkräutern aus Dauerpflanzungen im Garten (wie Staudenbeete und Steingärten). Oft bleibt keine andere Wahl, als die ganze Anlage mit der Grabgabel auszuheben, die Stauden und die Unkräuter im Wurzelbereich sorgfältig zu trennen (entfilzen) und die Nutzpflanzen in das von Unkraut befreite Beet wieder einzusetzen.

Wenn man von Wurzelunkräutern ständig die grünen Teile entfernt, hungert man sie allmählich aus, da die unterirdischen Teile nicht mehr versorgt werden.

## Wuchsstoffmittel

Unkrautbekämpfungsmittel (Herbizide) sind häufig auf der Basis von Wuchsstoffen oder ähnlichen Wirkstoffen zusammengesetzt. Das Ziel, das dabei erreicht werden soll, ist, die Pflanze durch ungehemmtes Wachstum zu schädigen, bis sie schließlich daran zugrunde geht. Die Aufnahme dieser Herbizide erfolgt durch die Blattoberfläche. Breitblättrige Pflanzen nehmen entsprechend mehr Substanz auf als die schmalblättrigen. Gräser sind also durch solche Herbizide weniger angreifbar. Wenn man genau nach Vorschrift verfährt, kann man so zum Beispiel einen Rasen annähernd unkrautfrei erhalten.

Obwohl es auch Mittel gibt, die spezifisch wirken – etwa unter Hecken – ist doch der Einsatz im Garten in den meisten Fällen nicht erforderlich. Wenn man sie trotzdem benutzen will, zum Beispiel als erste Phase zur Herrichtung eines stark vernachlässigten oder verwilderten Gartens, dann wähle man möglichst die Pulverform des Herbizids. Bei allen Flüssigpräparaten müssen die benutzten Geräte (wie Gießkanne) sehr gründlich gereinigt werden, sonst sind sie für andere Arbeiten nicht mehr benutzbar.

Zur Absorbtion der Giftstoffe aus den Geräten benutzt man unter anderem Aktivkohle, die man 12 Stunden einwirken lassen muß. Wuchsstoffgeschädigte Pflanzen bieten ein trauriges Bild. Da die Anwendung wiederholt erfolgen muß, weil der Nachwuchs aus Samen nicht mitbetroffen wird, ist dies ein unschönes Bild und mit einer vernünftigen Gartengestaltung nicht vereinbar.

## Systemische Mittel

Zur Unkrautbekämpfung in der Landwirtschaft wurden auch sogenannte systemische Mittel entwickelt. Sie dienen vor allem der Bekämpfung von Wurzelunkräutern. Das entsprechende Herbizid wird durch die Blattoberflächen aufgenommen und gelangt in den Saftstrom. Damit verteilt es sich in der ganzen Pflanze und führt allmählich zu deren Absterben.

Systemische Mittel können nur bei voller Blattentfaltung der Pflanzen angewendet werden und wirken total, das heißt alle gespritzten Pflanzen sind betroffen. Soll in einem verwahrlosten oder mit Wurzelunkräutern (wie Quecken, Schachtelhalm usw.) überwucherten Garten eine solche Bekämpfung durchgeführt werden, wendet man sich am besten an einen Gartenbaubetrieb, der mit dem Umgang solcher Präparate vertraut ist.

## Totalbekämpfung

Mittel zur Totalbeseitigung von Unkraut, also von allem Pflanzenwuchs einschließlich eventueller Nutzpflanzen, bestehen meist aus Natriumchlorat. Man benutzt diese, erstmals als »Unkrautex« bezeichneten Mittel zur »Sauberhaltung« von Wegen, Mauerspalten und ähnlichem. Meist ist die Entfernung von Pflanzenwuchs an den genannten Stellen nicht notwendig und entspringt mehr dem Ordnungsbedürfnis der Besitzer.

Andererseits gibt es Fälle, wo der Pflanzenwuchs das Mauerwerk schädigen kann und eine Beseitigung durchaus gerechtfertigt ist. Dann sind solche Mittel eine Hilfe. Es wird mit mechanischen Methoden nicht gelingen, die kleineren Pflänzchen oder Pflanzenteile zu entfernen und deren Größerwerden zu verhindern und damit der Zerstörung durch sie Einhalt zu gebieten.

## Moosentferner

Moos im Rasen läßt sich chemisch – allerdings nicht für die Dauer – leicht entfernen. Die Moosbekämpfungsmittel enthalten Eisensulfat, durch das die Moose absterben. Bei sehr stark vermoostem Rasen kann es nach der Behandlung erhebliche Kahlstellen geben, die nur dann zuwachsen, wenn der Rasen gut gepflegt wird.

## Rasenerhaltung

Da ein reiner Rasen, das heißt eine nur mit Gras bewachsene Fläche, im Grund ein unnatürliches Gebilde ist, ist er auch schwer zu erhalten. Schnell siedeln sich Pflanzen zwischen den Gräsern an, die dann als Unkraut betrachtet werden. Zudem wird ein Rasen durch häufiges Betreten genutzt. Dadurch wird eine entsprechende Pflanzengesellschaft, die Tretflora, gefördert. Schließlich verdichtet sich der Boden durch das Betreten, und es kommt zu Staunässe. Dies wiederum führt zur Versauerung des Bodens und zur Ausbreitung von Moos und anderem.
Es sind viele Faktoren, die bei der Rasenpflege eine Rolle spielen, und es ist nicht möglich, in diesem Rahmen allgemeingültige Ratschläge zu erteilen. Grundsätzlich sollte darauf geachtet werden, daß das Gras durch ausreichende und genügend häufige Düngung im Wuchs gefördert wird. Dazu gehört auch, daß es beim Schneiden, das übrigens nicht zu häufig erfolgen sollte, nicht zu kurz gehalten wird. Das Gras muß gute Wachstumsbedingungen haben, wenn es im Rasen die Vorherrschaft behalten soll. Eine Beseitigung von Unkraut ist dann nicht erforderlich.
Nimmt dieses aber überhand, dann ist der Einsatz von herbizidhaltigem Rasendünger durchaus angezeigt. Doch bedenke man, daß ein einmaliger Einsatz keinen Dauererfolg bringen kann. Die Anwendungen müssen regelmäßig nach Vorschrift wiederholt werden. Darum ist es oft besser, sich dazu durchzuringen, zwischen dem Gras auch noch andere Pflanzen zu dulden.

## Nachbarrechtliches

Es sollte eigentlich selbstverständlich sein, daß man seinem Nachbarn durch Unkraut aus dem eigenen Garten keinen Schaden zufügt. Pflanzen mit Flugfrüchten (zum Beispiel Löwenzahn) sollten nicht zum Ausreifen kommen. Auch sollte man darauf achten, daß Wurzelausläufer und ähnliches nicht durch den Gartenzaun hindurchwachsen.
Die Rechtslage ist unterschiedlich und keineswegs geklärt. Immerhin gibt es Klagemöglichkeiten, wenn man im eigenen Garten durch Unkraut aus den verwilderten Nachbargärten belästigt wird. Der Anblick eines nicht der Norm entsprechenden Gartens (z. B. eines extrem verstandenen Naturgartens) allein genügt nicht für den Tatbestand nachbarlicher Belästigung.

# Erklärung der Fachausdrücke

**Blattachsel:** »Knick« zwischen Stengel und Blattstiel.

**Blattscheide:** den Stengel röhrenförmig umschließender Blattgrund; meist bei Gräsern.

**Blumenblätter:** farbige, die Insekten anlockenden Blätter der Blüte.

**Blütenstaub:** (= Pollen) männliche Teile der Blüte, die auf die Narbe (weiblich) durch Insekten oder Wind übertragen werden.

**Doldenstrahlen:** Ästchen in der Dolde.

**eingeschlechtlich:** Die Blüte oder die ganze Pflanze besitzt nur Fortpflanzungsorgane eines Geschlechts, also männliche oder weibliche.

**einhäusig:** Männliche und weibliche (getrenntgeschlechtliche) Blüten befinden sich an derselben Pflanze.

**einseitswendig:** Der Blütenstand ist nicht symmetrisch aufgebaut, sondern schief nach einer Seite verschoben (Gegensatz: allseitswendig).

**fiederteilig:** Das Blatt hat so tiefe Einschnitte, daß es bereits wie in Einzelblättchen aufgeteilt erscheint.

**Fruchtknoten:** Teil des Stempels (weiblicher Blütenteil), aus dem sich nach der Befruchtung Frucht und Samen bilden.

**gefiedert:** einfache oder mehrfache Aufteilung des Blattes in Teilblättchen.

**gefingert:** wie gefiedert, jedoch von einem Punkt ausgehend.

**geflügelt:** häutige, meist leistenförmige und grüne Gebilde an den Stengeln.

**grundständig:** am untersten Teil des Sprosses stehend.

**geschlechtlich:** Fortpflanzung mit Befruchtungsvorgang (Bestäubung).

**getrenntgeschlechtlich:** Männliche und weibliche Blütenteile befinden sich in verschiedenen Blüten.

**Hochblätter:** meist besonders geformte Blätter zwischen Blüten und Stengelblättern.

**Hüllblätter:** Blätter, die den Blütenstand locker umhüllen.

**Hüllkelch:** kelchartige Blattumhüllung eines dichten Blütenstandes.

**Kelchblätter:** äußerste, meist grüne Blätter der Blüte.

**lateinischer Name:** Der erste lateinische Name (immer groß geschrieben) gibt die Zugehörigkeit zu einer Pflanzengattung (weitestgehend ähnliche Merkmale) an; der zweite (immer klein geschrieben) bezeichnet die Pflanzenart (übereinstimmende Merkmale).

**Pfahlwurzel:** kräftige, tief in den Boden reichende Hauptwurzel (zum Beispiel Mohrrübe).

**quirlständig:** gleichmäßige Verteilung der Blüten um den Stengel in einer Höhe.

**Rosette:** dem Boden in der Form einer Rosenblüte dicht anliegende Laubblätter.

**Scheibenblüten:** kreisförmig angeordnete Blüten im Blütenstand der Köpfchenblütler.

**Scheinquirl:** unregelmäßige Anordnung der Blüten im quirlständigen Blütenstand.

**Schote:** Frucht der Kreuzblütler, die 2 Samenkammern enthält (Verwechslung mit Hülsenfrucht = 1 Samenkammer üblich).

**Sporn:** meist nektarhaltige Ausstülpung am Blütengrund.

**Sproß:** überirdischer (grüner) Teil der Pflanze.

**Staubbeutel:** Teil des Staubgefäßes, der den Blütenstaub enthält.

**Staubfaden:** »Stengel« des Staubbeutels.

**Stengelknoten:** Stengelverdickungen, die meist hohle Stengel (Gräser) zur Erhöhung der Stabilität besitzen.

**Sukzession:** durch äußere Einflüsse verursachtes Übergehen einer Pflanzengesellschaft in eine andere an einem Standort.

**vegetativ:** Die Fortpflanzung beziehungsweise Vermehrung erfolgt ungeschlechtlich, zum Beispiel durch Ausläufer.

**Wurzelstock (Rhizom):** unterirdische, meist verdickte Sproßachse mit schuppenförmigen, blattgrünfreien Blättchen; trägt zur vegetativen Vermehrung bei.

**Zungenblüten:** Randblüten im Blütenstand der Köpfchenblütler.

**zweihäusig:** Männliche und weibliche Blüten befinden sich auf verschiedenen Pflanzen.

**zwittrig:** Eine Blüte enthält männliche und weibliche Organe (Staubgefäße und Stempel).

## Blattformen (siehe auch Seite 16/17)

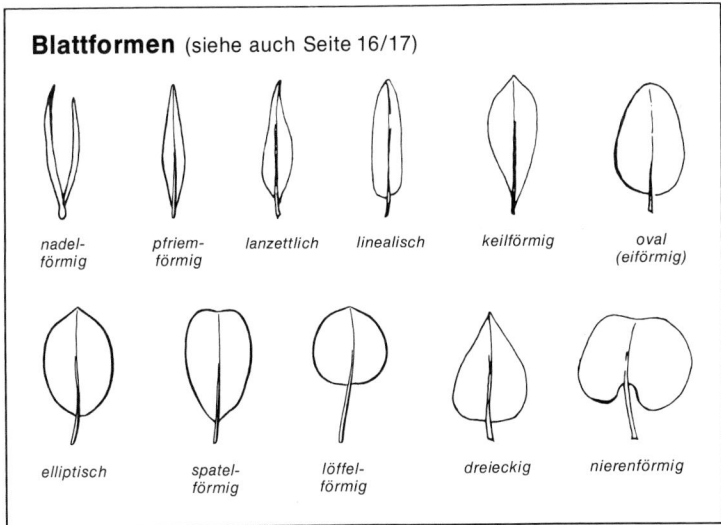

nadel-
förmig

pfriem-
förmig

lanzettlich

linealisch

keilförmig

oval
(eiförmig)

elliptisch

spatel-
förmig

löffel-
förmig

dreieckig

nierenförmig

# Blattformen

| herzförmig | verkehrt herzförmig | pfeilförmig | handförmig gelappt | spießförmig |

  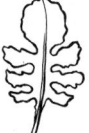  

| fieder-schnittig | schrotsäge-förmig | leier-förmig | gefiedert | gefingert |

# Blattränder

  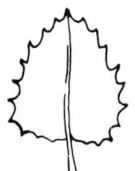 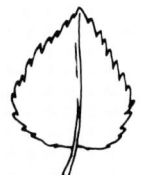

| ganzrandig | gekerbt | gezähnt | gesägt |

| doppelt gesägt | gelappt |

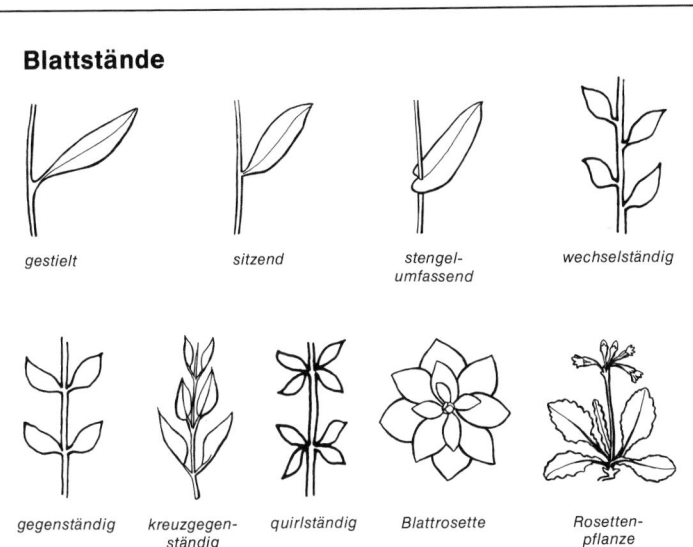

# Blattstände

gestielt

sitzend

stengel-
umfassend

wechselständig

gegenständig

kreuzgegen-
ständig

quirlständig

Blattrosette

Rosetten-
pflanze

# Blütenstände

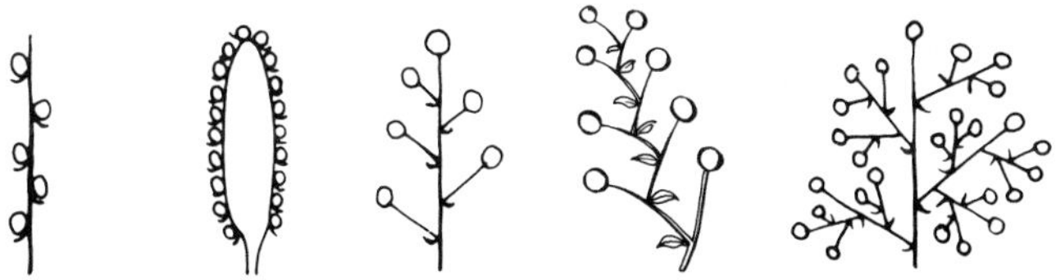

Ähre

Kolben

Traube

Wickel

Rispe

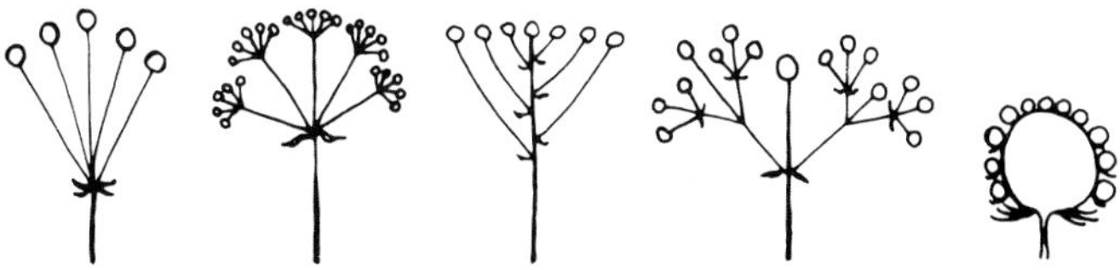

Dolde

zusammengesetzte
Dolde

Doldentraube

Doldenrispe

Köpfchen

# Unkrautbiotope

Biotope sind Lebensräume. Diese sind für die Unkrautflora im Garten nicht eindeutig abgegrenzt, sondern gehen ineinander über. Im speziellen Teil der Pflanzenbeschreibungen wird nur zwischen 4 Lebensräumen unterschieden. Die Zuordnung der Arten ist ohnehin nicht immer eindeutig. Im folgenden werden die Lebensräume dagegen als solche betrachtet und können etwas differenzierter dargestellt werden.

## Einjährige Unkrautflora

Überall im Garten gibt es Stellen, die nur vorübergehend genutzt werden. Man züchtet darauf einjähriges Gemüse oder legt Beete für einjährige Blumen an. Das bedeutet, daß in jedem Jahr ein- bis mehrmals entscheidend in den Lebensraum eingegriffen wird. Oft werden die Flächen total abgeräumt, ehe sie erneut bestellt werden. Dieses Verfahren ist optimal für die einjährigen Samenunkräuter. Sie zeichnen sich durch schnelles Wachstum und eine kurze Vegetationsdauer aus. Es ist die Flora, mit der sich der Gartenbesitzer am meisten auseinanderzusetzen hat.

Auf dem bis zur Blüte der Unkräuter nicht gejäteten Beet sieht man unter anderem Sonnenwolfsmilch, Echte Kamille, Hirtentäschelkraut, Weißen Gänsefuß und Vogelmiere.

## Sukzession von Samenunkräutern

Offen gelassenes Land (z. B. in Neubaugebieten) begrünt sich erstaunlich schnell. Noch im 1. Jahr siedeln sich zahlreiche Unkräuter an, die sonst vorwiegend wegen Lichtmangels nicht gedeihen konnten. Diese Flora kommt meist im 2. Jahr zu voller Entwicklung. In dem abgebildeten Stück Neubauland herrschen Echte Kamille und Klatschmohn vor.

## Sukzession von Wurzelunkräutern

Die einjährigen Arten werden bald von ausdauernden verdrängt. Wenn diese erst einmal den Boden besiedelt haben, sind sie beim Frühjahrsaustrieb aus ihren Wurzelstöcken den anderen Arten überlegen und bestimmen bald die Flora des betreffenden Landstückes.

In der Abbildung wird ein ehemaliges Wiesenstück gezeigt, bei dem die Gräser nicht mehr vorherrschend sind. Wurzelunkräuter bestimmen die Zusammensetzung der Lebensgemeinschaft mit Wiesenbärenklau, Löwenzahn, Krausem Ampfer, Gemeinem Hornkraut u. a. Zur Anlage eines gepflegten Gartens auf solchem Boden, der ebensogut durch Verwilderung wie durch Neuanlage in diesen Zustand gekommen sein kann, ist die Entfernung der Unkrautwurzeln erforderlich. Sie würden immer wieder ausschlagen und störende Wildvegetation hervorbringen.

*Auf dem offenen Boden im Neubaugebiet haben sich einjährige Samen-unkräuter angesiedelt.*

*Samenunkräuter auf einem nicht gejäteten Gartenbeet.*

*Wurzelunkräuter folgen den Samenunkräutern.*

# Lebensraum Staudenbeet

Staudenbeete sind durch ihre Dauerhaftigkeit sehr günstige Siedlungs-
räume für ausdauernde Unkräuter. Diese verfilzen sich mit ihrem Wurzelwerk
in der Regel derart mit den Wurzeln der Stauden, daß ein Jäten oder Hacken
nicht mehr zur Beseitigung führt. Hier hilft nur, wie an anderer Stelle be-
schrieben, die Neuanlage.
Das Bild gibt einen interessanten Aspekt zur Wertung von Pflanzen als
Unkraut wieder. Die Polster von Moosphlox sind durchwuchert vom Kriechenden Günsel. Da er als heimische Wildpflanze als Unkraut angesehen
wird, ist man an der Entfernung interessiert. Eine Rechtfertigung liegt darin,
daß die Wildpflanze sich stärker vermehrt und den Steingarten bald überwuchert. Doch denken wir daran, daß es auch stark wuchernde Zierpflanzen
gibt, z. B. die Lampionblume.

*Kriechender Günsel hat im Staudenbeet die Moosphloxpolster durch-
wuchert.*

# Tretvegetation auf Wegen

Es kommt darauf an, wie stark ein Weg betreten wird. An »Abkürzungs-
wegen« durch bepflanzte Anlagen sieht man, daß sehr häufiges Begehen die
Flora weitgehend oder ganz zurückdrängt. Weniger begangene Wege sind
dagegen bewachsen. Im Garten siedelt sich meist das Einjährige Rispengras
auf den Wegen an. Auf dem abgebildeten Zugang zu einem Garten sieht man
deutlich, in welcher Zone der Weg begangen wird. Dort ist er nämlich dicht
mit Gänseblümchen bewachsen.

*Gänseblümchen sind typische Tretunkräuter.*

# Tretvegetation auf Rasen

Für einen makellosen Zierrasen ist das »Betreten verboten« durchaus begründet. Sobald Rasen genutzt wird, werden solche Arten begünstigt, die das ständige Betreten noch besser vertragen als die Gräser. Man nennt die sich ausbreitende typische Flora auch Tretvegetation.

Auf dem Bild erscheinen als Tretvegetation Gänseblümchen, Weißklee, Spitzwegerich und Löwenzahn.

*Im Rasen siedeln sich zahlreiche trittfeste Unkräuter an.*

# Unterwuchs in Hecken

Im Bereich von Hecken und Sträuchern stellt sich natürlicherweise bald ein Unterwuchs aus mannigfachen Kräutern ein. Es sind schattenliebende oder schattenverträgliche Arten. Da sie meist auch stickstoffliebend sind, gehören sie zumindest im Garten auch zur Ruderalflora.
Das Bild zeigt eine Berberitzenhecke, unter der Weiße Taubnesseln und Gemeines Lauchkraut wachsen.

*Unter Hecken wachsen schatten-*
*liebende Unkräuter.*

*Das Große Schöllkraut ist kenn-*
*zeichnend für die Ruderalflora.*

# Ruderalflora

Der deutsche Begriff für diese Pflanzengesellschaft ist *Trümmerflora*. Im Grunde sind als Lebensraum solche Stellen anzusehen, die als Begleiterscheinung menschlicher Siedlungstätigkeit entstehen. Durch Abfälle (z. B. im Komposthaufen) ist der Boden meist nährstoff- und vor allem stickstoffreich. Die Große Brennessel gehört zu den häufigsten Arten dieser Lebensräume.
In der Abbildung wird ein im Mauerspalt wachsendes Großes Schöllkraut gezeigt. Den Samen haben Ameisen dorthin verschleppt. Die Besiedlung von Geröll und Mauerritzen war eigentlich namengebend für die Ruderalflora.

# Kräuterporträts in Text und Bild

## Symbolerläuterungen

**Samenunkräuter auf Beeten, vorwiegend einjährig**
(Seite 25–65)

**Ausdauernde Unkräuter (Wurzelunkräuter) auf Beeten, Staudenbeeten und in Steingärten** (Seite 66–98)

**Tretunkräuter auf Wegen und auf Rasen** (Seite 99–115)

**Unkräuter an Hecken, Zäunen, Komposthaufen und auf Schutt (Ruderalflora)** (Seite 116–142)

## Roter Gauchheil
*Anagallis arvensis*

Ackergauchheil, Männleingauchheil, Rote Miere, Faules Lieschen.

**Pflanze:** Stengel niederliegend oder wenig aufsteigend, oft verzweigt, vierkantig. Blätter gegenständig, manchmal quirlständig, eiförmig, unterseits dunkel punktiert, ganzrandig.

**Keimpflanze:** Keimblätter ledrig glänzend, zugespitzt, unterseits braun gesprenkelt, dem Boden aufliegend. Die ersten Laubblätter sind rundlich bis herzförmig, glänzend grün.

**Blüte:** meist ziegelrot, selten weiß oder dunkelblau, sternförmig, blattachselständig, langgestielt, manchmal einzelne kleine Kerben am Rand.

**Blütezeit:** Juni – Oktober.

**Wuchshöhe:** 10–20 cm.

**Lebensweise:** einjährig. Keimung während der ganzen Vegetationszeit. Samenverbreitung durch Wind, Tiere und Menschen und auch durch die Pflanze selbst.

**Standort, Boden:** Sonne bis Halbschatten. Auf nährstoffreichen Böden.

**Allgemeines:** ist in blütenlosem Zustand der Vogelmiere ähnlich, breitet sich aber nicht so dicht aus.

**Maßnahmen:** jäten oder hacken.

**Abbildung:** blühende Pflanze.

## Quendelblättriges Sandkraut
Kleines Gänsekraut, Gänsegras                    *Arenaria serpyllifolia*

**Pflanze:** Stengel vom Grunde an verzweigt und verästelt, aufsteigend oder niederliegend, behaart. Blätter gegenständig, eiförmig-lanzettlich, zugespitzt. Die Pflanze ähnelt der Vogelmiere.
**Keimpflanze:** Keimblätter ähnlich der Vogelmiere. Laubblätter klein, spitz, rundlich. Pflanze buschig, dunkelgrün.
**Blüte:** unscheinbar, weiß, 5zählig, langgestielt, in den Blattachseln. Blütenstiele behaart. Blumenblätter ganzrandig, kürzer als der Kelch.
**Blütezeit:** Mai – September.
**Wuchshöhe:** 5–20 cm.
**Lebensweise:** ein- bis zweijährig. Keimung im Herbst. Verbreitung der Samen durch Regenwasser, Wind, Tiere und auch durch den Menschen.
**Standort, Boden:** sonnig. Es wächst auf sandigen, trockenen Böden.
**Allgemeines:** zerstreut, häufiger nur auf nährstoffarmen Böden.
**Maßnahmen:** jäten oder hacken, Bodenverbesserungsmaßnahmen.

**Abbildung:** Kraut vor der Blütezeit.

## Gemeine Melde

Spreizende Melde, Ausgebreitete Melde, Rutenmelde    *Atriplex patula*

**Pflanze:** Stengel aufrecht oder niederliegend, verzweigt, ausgebreitet. Blätter wechselständig, eiförmig bis lanzettlich, gestielt, mit je einem Zahn auf beiden Seiten. Obere Blätter sind ungezähnt, in der Jugend mehlig bestäubt.
**Keimpflanze:** Keimblätter schmal und lang, mit abgerundeter Spitze. Erste Laubblätter sind rhombisch-lanzettlich.
**Blüte:** weißgrün, getrenntgeschlechtlich einhäusig, Knäuel in Scheinähren.
**Blütezeit:** Juli – Oktober.
**Wuchshöhe:** 10 – 120 cm.
**Lebensweise:** einjährig, keimt im Frühjahr. Über weite Strecken werden die Samen durch Tiere und Regenwasser verbreitet, über kurze auch durch Menschen und Wind.
**Standort, Boden:** sonnig, auf lockeren, nährstoffreichen, humosen Böden.
**Allgemeines:** häufig, seit der Steinzeit bekanntes Unkraut.
**Maßnahmen:** Beseitigung vor der Blüte durch Jäten oder Hacken.

**Abbildung:** ausgebreitete junge Pflanze.

# Hirtentäschel
*Capsella bursa-pastoris*

Hirtentäschelkraut, Vogelkraut, Himmelmutterbrot, Schinkenkraut, Beutelschneiderkraut, Kochlöffel.

**Pflanze:** Stengel aufrecht, abstehend verzweigt. Untere Blätter sind gestielt, in einer Rosette, gezähnt oder gelappt, bis tief eingeschnitten. Obere Blätter sind stengelumfassend, lanzettlich, ganzrandig, behaart.

**Keimpflanze:** Keimblätter sehr klein, rundlich, gestielt, dem Boden aufliegend. Die ersten Laubblätter sind sehr verschieden geformt, erst ganzrandig, später fiederspaltig, Rosette am Boden liegend.

**Blüte:** Blüten an abstehenden Stielen, lockere Blütentraube, oben Trugdolde, Einzelblüten weiß, klein. Früchte aufrecht abstehend, dreieckig bis keil-herzförmig, flach.

**Blütezeit:** fast das ganze Jahr hindurch.

**Wuchshöhe:** 2–40 cm.

**Lebensweise:** ein- bis zweijährig. Keimung meist im Frühjahr (Frostkeimer). Samenverbreitung durch Wind, Regenwasser, Tiere und Menschen.

**Standort, Boden:** Sonne bis Halbschatten, auf allen Böden, bevorzugt lockeren Boden.

**Allgemeines:** sehr häufig, breitet sich mit seinen Blattrosetten stark aus und nimmt den Kulturpflanzen den Platz weg.

**Maßnahmen:** möglichst frühzeitiges Entfernen (Jäten) der noch nicht blühenden Pflanze.

**Abbildungen:** junge Blattrosette, Blüten- und Fruchtstand.

# Rauhhaariges Schaumkraut
Behaartes Schaumkraut

*Cardamine hirsuta*

**Pflanze:** Stengel aufrecht, meist vom Grunde an verzweigt, wenig beblättert. Grundständige Blätter bilden eine Rosette. Blätter gefiedert mit rautenförmigen Endblättchen und verkehrteiförmigen Seitenblättchen, gestielt, oberseits behaart oder kahl, am Rande spärlich bewimpert. Stengelblättchen sitzend oder kurzgestielt.

**Keimpflanze:** Keimblätter langgestielt, rund. Erste Laubblätter sind nieren- bis herzförmig, spätere mit getrennten Seitenfiedern. Endfieder nierenförmig, groß, spärlich bewimpert.

**Blüte:** weiß bis blaßviolett, auf langen Stielen, reichblütige, dichte Traube.

**Blütezeit:** März – Juni, zuweilen im Herbst noch einmal.

**Wuchshöhe:** 5–30 cm.

**Lebensweise:** ein- bis zweijährig. Keimzeit Herbst oder Frühjahr. Die Samen werden beim Aufspringen der Früchte (langgestreckte, dünne Schote) fortgeschleudert.

**Standort, Boden:** Sonne bis Halbschatten. Auf kalkarmen, sandigen, aber nährstoffreichen Böden.

**Allgemeines:** kommt jetzt häufiger vor als früher, neigt zu Massenvermehrung und ist besonders im Frühjahr lästig, da es die Keimpflanzen der Kulturpflanzen bedrängt.

**Maßnahmen:** jäten.

**Abbildungen:** junge Blattrosette, blühendes Kraut.

## Echte Kamille
Feldkamille, Mutterkraut

*Chamomilla recutita*

**Pflanze:** Stengel aufrecht, verzweigt, kahl. Blätter doppelt bis dreifach fiederteilig, fein, weich.

**Keimpflanze:** Keimblätter ungestielt, oval, spitz auslaufend. Die ersten Laubblätter sind lanzettlich mit 1–2 schmalen Seitenlappen.

**Blüte:** einzeln an langen Stielen. Blütenköpfchen mit gelben Röhrenblüten und weißen Zungenblüten, sie hängen nachts und nach der Befruchtung nach unten. Blütenboden gewölbt und hohl.

**Blütezeit:** Mai – August.

**Wuchshöhe:** 10–40 cm.

**Lebensweise:** einjährig, keimt im Herbst und im Frühjahr. Die Früchte werden durch Wind und Regenwasser, Tiere und Menschen und durch die Pflanze selbst verbreitet.

**Standort, Boden:** Sonne bis Halbschatten, auf stickstoffhaltigen, nährstoffreichen, kalkarmen, frischen, sandigen Lehmböden.

**Allgemeines:** häufig, alte Heilpflanze. Hat sich sehr ausgebreitet, seit sie nicht mehr konsequent als Hausmittel gesammelt wird. Die Pflanze duftet kräftig und aromatisch.

**Maßnahmen:** jäten, hacken.

**Abbildungen:** Keimpflanze, Blattrosette, blühendes Kraut.

# Der Nußbaum wächst jetzt auch als Busch

Walnüsse aus eigener Ernte sind für Hobby-Gärtner kein Traum mehr. Mußte man früher 15 bis 20 Jahre warten, bis ein 15 Meter hoher Nußbaum Früchte trug, so ermöglichen die heutigen Walnuß-Veredelungen bereits nach zwei Jahren eine wohlschmeckende Ernte. Und: Nußbäume wachsen jetzt als Büsche, die auch in kleinen Gärten gepflanzt werden können.

Allerdings ist die richtige Auswahl der Züchtungen sehr wichtig: Veredelungen, die auf der Unterlage von Juglans regia (Walnuß) wachsen, eignen sich für trockene Standorte. Für feuchte Böden nimmt man dagegen Veredelungen, die auf die Unterlage von Juglans nigra (Amerikanische Schwarznuß) gepfropft sind.

Für frostgefährdete Gegenden eignet sich etwa die Veredelung Nr. 26 mit mittelgroßen Früchten. Für milde, frostfreie Gärten empfiehlt sich die Veredelung „Esterhazy II", die große Früchte mit gutem Aroma trägt.

Lassen Sie sich auf jeden Fall gut beraten, denn manche Arten brauchen eine Befruchtung durch einen zweiten Baum. Die Pflanzgrube sollte drei- bis viermal so groß wie der Wurzelballen sein. Und sorgen Sie für einen soliden Haltepfosten.

**Die neuen Nußbaum-Veredelungen tragen schon nach 2 Jahren Früchte**

Forscher sprechen mit Delphinen; Ul-
traschall gegen Nebel auf Flughäfen

**19.00 heute**

**19.30 Sportreport**

## 21.45 Der Tag, an dem
### die Erde stillstand
Amerikanischer Spielfilm von 1951
Mit Michael Rennie, Patricia Neal,
Hugh Marlowe, Sam Jaffe u. a.
Regie: Robert Wise
Eine riesige fliegende Untertasse
landet in der Nähe von Washington.
Der Außerirdische Klaatu (Michael
Rennie) erklärt, in friedlicher Absicht
gekommen zu sein und die Mensch-
heit vor der Selbstvernichtung durch
Atomwaffen warnen zu wollen.
Doch Unvernunft und Egoismus der
Menschen lassen sein Vorhaben
scheitern. Klaatu droht mit der Zer-
störung der gesamten menschlichen
Zivilisation.

**23.15 Kennwort: Kino**

**23.25 3SAT-Nachrichten**

Österreichischer Spielfilm von 1953
Regie: Ernst Marischka
Als der alte Gesangslehrer Profes-
sor Beines (Richard Romanowsky)
seinen begabten Schüler Richard
(Rudolf Schock) zum Vorsingen in
die Oper bringt, scheint sich Richard
mehr für die Damen des Balletts zu
interessieren als für seine "große
Stunde". Der Direktor (Fritz Imhoff)
ist von Richards Stimme begei-
stert ... Der Film hält sich an Motive
aus dem Leben Richard Taubers,
der am 3. 1. 1948 in London starb.

## 20.55 Das Beste aus
### "Wünsch Dir was"
Eine Reminiszenz an das große Fa-
milienspiel der frühen 70er Jahre mit
Dietmar Schönherr und Vivi Bach

## 22.25 Vor dem Wind
Wie in kaum einer Disziplin erfüllt
sich der Traum vom Fliegen beim
"Ballonfahren". Ein Kamerateam
beobachtete eine Fahrt über die Ge-
birgslandschaft Salzburgs.

**22.50 3SAT-Nachrichten**

Nach Stalins Tod waren Hoffnun
aufgekeimt, daß sich die im, Kal
Krieg" erstarrten Fronten zwisc
den Großmächten lockern würde
und auch eine Lösung der "d
schen Frage" möglich wäre. Doc
den folgenden Jahren (1953
1966) wurde die Atmosphäre im
"frostiger": Höhepunkt: der Bau
Berliner Mauer 1961.

## 20.15 Hallo –
### Hotel Sacher ... Portier
Heute: Die Liebe und das Gesch
Mit Ruth-Maria Kubitschek,
Eckhardt, Elfriede Ott u. a.
Chefportier Huber und seine Ch
können in letzter Minute e
Selbstmord verhindern. Eine D
wollte ihrem Leben mit Tablette
Ende setzen. Der lebenserfah
Huber nimmt sich ihrer auch no
der Klinik an ...

**21.15 Zeit im Bild 2**

**21.45 Club 2**
Anschließend:
**3SAT-Nachrichten**

**19.00 heute**

**19.30 Sportreport**

**21.15 Zeit im Bild 2**

**22.50 3SAT-Nachrichten**

# Weißer Gänsefuß

Gemeiner Gänsefuß, Weiße Melde, Wilder Spinat    *Chenopodium album*

**Pflanze:** Stengel kantig, meist vom Grunde an verzweigt. Blätter blaugrün, oval bis lanzettlich, ungleich gezähnt, gestielt. Die Pflanze ist anfangs mehlig bestäubt.

**Keimpflanze:** Keimblätter schmal, lang, silbrig, unterseits rötlich angelaufen. Erste Laubblätter sind lanzettlich bis eiförmig, ganzrandig oder leicht gezähnt, unterseits rötlich angelaufen. Alle Blätter sind silbrig, mehlig.

**Blüte:** unscheinbar, grünlich. Ährenähnliche Knäuel stehen in Teilblütenständen, die einen verzweigten Gesamtblütenstand bilden.

**Blütezeit:** Juli – September.

**Wuchshöhe:** 20 – 150 cm.

**Lebensweise:** einjährig. Im Frühjahr oder Vorsommer keimend. Samenverbreitung durch Regenwasser, Wind, Tiere und Menschen.

**Standort, Boden:** sonnig, auf stickstoffreichen, humosen, feuchten, lockeren Böden.

**Allgemeines:** sehr häufig, wird meist als Melde bezeichnet. Der Weiße Gänsefuß wurde früher als Gemüse genutzt, ist aber in Mengen genossen schädlich. Er tritt oft massenhaft auf bloßgelegten Böden (z. B. auf Baustellen) als erste Pflanze auf.

**Maßnahmen:** jäten. Die Pflanze läßt sich leicht auszupfen.

**Abbildungen:** Keimpflanzen, Blütenstand.

# Sonnenwolfsmilch

Sonnenwendwolfsmilch, Eselsmilch, Milchkraut    *Euphorbia helioscopia*

**Pflanze:** Stengel meist aufrecht, am Grunde zuweilen mit einem gegenständigen Zweigpaar. Blätter verkehrt eiförmig, mit keiligem Grund, vorn feingesägt, abgerundet, von unten nach oben hin größer werdend. Die Pflanze führt weißen, stark ätzenden Milchsaft.

**Keimpflanze:** Keimblätter abgestumpft oval, häufig mit bräunlichem Fleck in der Mitte, ziemlich kräftig.

**Blüten:** gelbgrün. Drüsen des Hüllbechers oval-rundlich. Doldenrispe mit 5 Hauptstrahlen.

**Blütezeit:** April – November.

**Wuchshöhe:** 5–30 cm.

**Lebensweise:** einjährig, keimt das ganze Jahr über. Die Pflanze dreht ihre Blütenstände dem Licht zu. Verbreitung der Samen beim Aufspringen der Fruchtkapsel durch Tiere und Menschen.

**Standort, Boden:** sonnig, besonders auf lockeren, nährstoffreichen Lehmböden.

**Allgemeines:** häufig und verbreitet, tritt aber nicht in Massen auf. Die Pflanze ist giftig.

**Maßnahmen:** Durch Jäten leicht zu beseitigen.

**Abbildung:** blühende Pflanzen.

# Gartenwolfsmilch

*Euphorbia peplus*

**Pflanze:** Stengel aufrecht, verzweigt. Blätter wechselständig, verkehrt eiförmig bis rundlich, die untersten sehr klein, die oberen 5–15 mm breit, gestielt. Die Pflanze führt weißen Milchsaft.
**Keimpflanze:** Keimblätter klein, 7–8 mm. Die ersten Laubblätter sind ebenfalls klein, grasgrün, deutlich gestielt, dünn und weich, bisweilen rot überlaufen, vor allem der Stengel.
**Blüte:** gelbgrün. Drüsen im Hüllbecher halbmondförmig. Doldenrispe, meist dreistrahlig, Strahlen gegabelt.
**Blütezeit:** Juni–November.
**Wuchshöhe:** 5–35 cm.
**Lebensweise:** einjährig. Keimung im Vorsommer. Verbreitung der Samen durch Tiere, besonders Ameisen.
**Standort, Boden:** sonnig, auf lockeren, mineralhaltigen Lehmböden.
**Allgemeines:** häufig, in vernachlässigten Gärten zuweilen in Massen vorkommend. Giftig.
**Maßnahmen:** zwischen Kulturen jäten, bei Massenvorkommen durch Umgraben oder Hacken beseitigen.

**Abbildungen:** Keimpflanzen, blühende Pflanze.

# Windenknöterich

Schlingkraut, Winde, Gemeine Buchwinde          *Fallopia convolvulus*

**Pflanze:** Stengel einfach oder verzweigt, dünn, hin- und hergebogen, links- und rechtsdrehend, kantig gefurcht, oft rot überlaufen. Blätter pfeil- bis herz- förmig, gestielt.

**Keimpflanze:** Keimblätter kräftig, linealisch. Die ersten Laubblätter sind dreieckig, am Grunde herzförmig, anfangs tütenförmig eingerollt. Stengel und Unterseite der Blätter oft rot überlaufen.

**Blüte:** unscheinbar, grünlich, weiß gerändert, dreikantig. Zu 3–5 in den Blattachseln und in lockeren Scheinähren.

**Blütezeit:** Juli – Oktober.

**Wuchshöhe/-länge:** 20–100 cm.

**Lebensweise:** einjährig. Mit spindelförmiger, tiefgehender Wurzel, keimt im Frühjahr. Die Samen werden durch Tiere und Regenwasser weit verschleppt.

**Standort, Boden:** Halbschatten, auf nährstoffreichen, leichten bis mittel- schweren und mäßig sauren Lehmböden.

**Allgemeines:** auch im Garten bisweilen häufig. Er windet sich an anderen Pflanzen hoch, nimmt ihnen Licht weg und drückt sie nieder. Die Pflanze kann vor der Blüte leicht mit der Ackerwinde verwechselt werden.

**Maßnahmen:** vorsichtiges Entfernen der ganzen Pflanze von den umwun- denen Gewächsen.

**Abbildungen:** Keimpflanzen, blühende Pflanze.

## Echter Erdrauch

Feldraute, Fenchelkraut, Traubenkerbel *Fumaria officinalis*

**Pflanze:** Stengel aufsteigend bis aufrecht, etwas gerillt, stark verästelt. Blätter doppelt gefiedert, graugrün, zart.
**Keimpflanze:** Keimblätter linealisch, lang, vorn spitz, gestielt, erste Laubblätter gestielt, handförmig geteilt.
**Blüte:** hellpurpur bis amethystfarben, die Spitze dunkelrot bis schwarz, länglich, schmal, mit Sporn; aufrechte Trauben mit zahlreichen Blüten.
**Blütezeit:** Mai – Oktober.
**Wuchshöhe:** 10–30 cm.
**Lebensweise:** einjährig, keimt im Frühjahr bis Herbst. Die Verbreitung der Samen erfolgt durch Regenwasser und Wind, Mensch und Tier, vor allem durch Ameisen.
**Standort, Boden:** Sonne bis Halbschatten, auf kalkarmen, nährstoffreichen, lockeren Lehmböden.
**Allgemeines:** häufig. Die Pflanze ist schwach giftig.
**Maßnahmen:** durch Jäten leicht zu beseitigen.

**Abbildungen:** Keimpflanze, blühendes Kraut.

# Kleinblütiges Knopfkraut

Franzosenkraut, Hexenkraut, Teufelskraut, Saugras    *Galinsoga parviflora*

**Pflanze:** Stengel meist aufrecht, verzweigt, oben wenig und kurz behaart. Untere Blätter gestielt, obere sitzend, eiförmig, spitz, gezähnt.
**Keimpflanze:** Keimblätter spatelförmig, fast viereckig. Spitze abgeplattet, in den Stiel verschmälert. Erste Laubblätter dreieckig, schwach gezähnt und spärlich behaart.
**Blüte:** gestielte kleine Körbchen in einer Trugdolde angeordnet, gelbe Scheibenblüten, außen ein Kranz weißer Zungenblüten.
**Blütezeit:** Mai – Oktober.
**Wuchshöhe:** 10 – 80 cm.
**Lebensweise:** einjährig. Keimzeit im späten Frühjahr und Sommer. Wächst schnell. Unter günstigen Bedingungen gedeihen 2 – 3 Generationen im Jahr. Die Früchte werden durch Wind und Regenwasser, Tiere und Menschen verbreitet.
**Standort, Boden:** sonnig (frostempfindlich), auf stickstoffhaltigen, humosen Böden besonders üppig, auch auf sandigen Lehmböden.
**Allgemeines:** Die Pflanze, die aus Peru stammt, ist in Europa verwildert und eingebürgert. Besonders in Kartoffelkulturen kommt sie oft massenhaft vor. Die Früchte reifen an ausgerissenen Pflanzen nach.
**Maßnahmen:** jäten, hacken, Entfernen der Pflanzen vor der Blüte.

**Abbildung:** blühendes Kraut.

## Schlitzblättriger Storchschnabel
Kranichhals, Blutkraut, Schlitzstorchschnabel    *Geranium dissectum*

**Pflanze:** Stengel aufrecht bis aufsteigend, auch klimmend, verzweigt, rückwärts stehend behaart. Blätter gefingert, mit spitzen Zipfeln, langgestielt, beidseitig rauhhaarig.
**Keimpflanze:** Keimblätter langgestielt, nierenförmig, etwas asymmetrisch. Erste Laubblätter fast kreisrund, gelappt, langgestielt.
**Blüte:** klein, hellpurpurn, meist zu zweit. Stiel des Blütenstandes kürzer als sein Tragblatt. Blütenstände behaart.
**Blütezeit:** Mai – Oktober.
**Wuchshöhe:** 10–50 cm.
**Lebensweise:** ein- bis zweijährig, Keimung im Herbst. Pflanze mit dünner, kurzer Pfahlwurzel. Die Samen werden durch Fortschleudern verbreitet, auch durch Menschen, Tiere, Wind und Regenwasser.
**Standort, Boden:** Sonne bis Halbschatten. Auf allen Böden. Bevorzugt lockere, nicht zu kalkhaltige, nährstoffreiche Böden.
**Allgemeines:** zerstreut, besonders wenn häufig Kartoffeln angebaut werden.
**Maßnahmen:** jäten und hacken.

**Abbildungen:** Keimpflanze, blühendes Kraut.

## Weicher Storchschnabel

Samtstorchschnabel, Großer Taubenschnabel          *Geranium molle*

**Pflanze:** Stengel niederliegend bis aufsteigend, verzweigt, dünn und weich, oben drüsig behaart. Blätter 5- bis 9spaltig, nierenförmig, obere sitzend.
**Keimpflanze:** Keimblätter langgestielt, nierenförmig. Erste Laubblätter rundlich, tief eingekerbt, langgestielt, Stiele behaart.
**Blüte:** hellpurpurfarbig, beim Aufblühen nickend, meist zu zweien stehend, Stiel und Kelch mit langen Haaren und Drüsenhaaren besetzt.
**Blütezeit:** Mai – Oktober.
**Wuchshöhe:** 10–30 cm.
**Lebensweise:** einjährig, keimt im Herbst. Die Samen werden durch Fort-schleudern verbreitet, auch durch Menschen und Tiere, Wind und Regen-wasser.
**Standort, Boden:** sonnig, auf sandigen, lockeren Böden.
**Allgemeines:** kommt in Gärten gelegentlich als Unkraut vor.
**Maßnahmen:** durch Jäten leicht zu entfernen.

**Abbildung:** junge Pflanze mit ersten Blüten.

# Sumpfruhrkraut

Sumpfimmortelle, Ackeredelweiß          *Gnaphalium uliginosum*

**Pflanze:** Stengel aufrecht, meist vom Grunde an reichlich verzweigt, filzig behaart. Blätter linealisch.

**Keimpflanze:** Keimblätter und Laubblätter lanzettlich, Rosette bildend, aufstrebend.

**Blüte:** kleine Körbchen aus gelblichweißen Scheibenblüten, die von hellbraunen Schuppen eingehüllt sind. 3–10 Körbchen sitzen in Knäueln am Zweigende.

**Blütezeit:** Juni – Oktober.

**Wuchshöhe:** 5–20 cm.

**Lebensweise:** einjährig, keimt im Frühjahr (Wärme- und Nässekeimer). Verbreitung der Samen durch Regenwasser und Wind, Menschen und Tiere (Vögel).

**Standort, Boden:** sonnig, auf feuchten, nährstoffreichen, kalkfreien, sauren und schlecht durchlüfteten Böden.

**Allgemeines:** häufig, zeigt Versauerung und Verschlammung des Bodens an.

**Maßnahmen:** verschwindet beim Aufkalken des Bodens.

**Abbildung:** blühende Pflanze.

# Drüsiges Springkraut

*Impatiens glandulifera*

**Pflanze:** Stengel aufrecht, reich verästelt, saftreich, dick und knotig. Blätter eirund-lanzettlich, groß, im oberen Teil der Pflanze quirlig.
**Keimpflanze:** Keimblätter rundlich bis nierenförmig, am Rand und am Grund rot überlaufen.
**Blüte:** weinrot, bis 15 Blüten in langgestielten, schirmförmigen Trauben.
**Blütezeit:** Juni bis zum Frost.
**Wuchshöhe:** 80–200 cm.
**Lebensweise:** einjährig, keimt im Frühjahr. Die Samen werden durch Aufplatzen der Früchte weit fortgeschleudert.
**Standort, Boden:** Sonne bis Halbschatten, auf jedem Boden, feuchtigkeitsliebend.
**Allgemeines:** Die aus Ostindien stammende Pflanze wurde und wird als Gartenpflanze kultiviert, ist aber längst verwildert. Auch im Garten kann sie leicht zu einem lästigen Unkraut werden, da die Samen durch den Schleudermechanismus der Frucht weit und unkontrolliert verbreitet werden.
**Maßnahmen:** Da sich die Keimpflanzen schnell zu umfangreichem Kraut entwickeln, sollte man sie dort, wo sie anderen Pflanzen den Platz wegnehmen, frühzeitig entfernen.

**Abbildungen:** Keimblätter, Blütenstand mit Früchten.

## Stengelumfassende Taubnessel      *Lamium amplexicaule*
Kleine Taubnessel, Tote Nessel, Wildes Löwenmaul

**Pflanze:** Stengel niederliegend oder aufrecht, verzweigt, vierkantig, oben behaart. Blätter rundlich, runzelig, tief gekerbt; untere Blätter gestielt, kreuzgegenständig, obere stengelumfassend.
**Keimpflanze:** Keimblätter rundlich, gestielt, zwei Zipfel am Grunde. Erste Laubblätter ebenfalls rundlich mit deutlichen Nerven, gekerbt, gestielt.
**Blüte:** rosa bis rot, Lippenblüte. 6–8 Blüten in den Blattachseln als Schein-quirle.
**Blütezeit:** März – Oktober, bei mildem Wetter auch ganzjährig.
**Wuchshöhe:** 10–30 cm.
**Lebensweise:** ein- bis zweijährig, Keimung das ganze Jahr über. Tief-gehende Pfahlwurzel. Verbreitung der Samen durch die Pflanze selbst, durch Tiere und Menschen.
**Standort, Boden:** Sonne bis Halbschatten, auf nährstoffreichen, kalkarmen, humosen Lehmböden.
**Allgemeines:** kommt in Gärten nur vereinzelt vor.
**Maßnahmen:** jäten.

**Abbildung:** blühende Pflanzen.

## Purpurrote Taubnessel
*Lamium purpureum*

Rote Taubnessel, Stinkende Nessel, Roter oder Kleiner Bienensaug

**Pflanze:** Stengel aufrecht oder aufsteigend, meist am Grunde verzweigt, vierkantig. Blätter herzförmig, runzlich mit deutlichen Adern, gekerbt, gesägt, weichhaarig, gestielt, kreuzgegenständig; obere Blätter und Stengelspitze rot überlaufen.

**Keimpflanze:** ähnlich der der anderen Taubnesselarten.

**Blüte:** purpurrot. Oberlippe helmförmig, Unterlippe dreiteilig. Blüten in blattachselständigen Scheinquirlen, die am Ende des Stengels dicht aufeinander folgen.

**Blütezeit:** März – Oktober, oft auch über den Winter.

**Wuchshöhe:** 10 – 25 cm.

**Lebensweise:** ein- bis zweijährig, Keimung während des ganzen Jahres. Verbreitung der Samen durch die Pflanze selbst, den Wind, Tiere und Menschen.

**Standort, Boden:** Sonne bis Halbschatten, auf fast allen, besonders auf nährstoffreichen, lockeren Lehmböden.

**Allgemeines:** sehr häufig. Hält sich besonders an unbearbeiteten Stellen im Garten und breitet sich von dort immer wieder aus. Die Pflanze hat einen unangenehmen Geruch.

**Maßnahmen:** jäten, hacken.

**Abbildung:** blühende Pflanzen.

# Schuttbingelkraut

Einjähriges Bingelkraut, Echtes Bingelkraut,
Gartenbingelkraut, Böser Heinrich

*Mercurialis annua*

**Pflanze:** Stengel aufrecht, verzweigt, vierkantig. Blätter gegenständig, gestielt, hellgrün, eiförmig-lanzettlich, gesägt, häufig bewimpert.

**Keimpflanze:** zu erkennen an deutlich gelb geaderten Keimblättern, die an der Spitze leicht abgeplattet sind. Erste Laubblätter sind beim Erscheinen am Grunde tütenförmig eingerollt.

**Blüte:** gelbgrün, zweihäusig, männliche Blüten langgestielt zu mehreren, weibliche einzeln oder zu zweit in Blattachseln sitzend. Windblütler.

**Blütezeit:** Juni – Oktober.

**Wuchshöhe:** 25–50 cm.

**Lebensweise:** einjährig, Keimung im Frühsommer, selten überwinternd. Samenverbreitung durch Tiere (besonders Ameisen).

**Standort, Boden:** Schattenpflanze in wärmeren Lagen, besonders auf lockeren, stickstoffreichen Böden.

**Allgemeines:** Schuttbingelkraut kommt nur stellenweise, dort aber häufig vor. Es nimmt dann anderen Pflanzen den Platz weg. Die Pflanze riecht beim Zerreiben unangenehm. Giftig.

**Maßnahmen:** wiederholtes Jäten in allen Entwicklungsstadien.

**Abbildungen:** Keimpflanzen, blühende männliche Pflanze.

# Ackervergißmeinnicht

*Myosotis arvensis*

**Pflanze:** Stengel aufrecht, steif behaart, vom Grunde an verzweigt. Die Grundblätter stehen in einer Rosette, spatelförmig bis verkehrt eiförmig, gestielt, rauhhaarig. Die Stengelblätter sind lanzettlich, sitzend, graugrün.

**Keimpflanze:** Keimblätter rundlich mit abgeplatteter Spitze, kurz gestielt. Erstes Laubblatt ist rundlich, deutlich gestielt, folgende Blätter sind lanzettlich, zum Stiel hin verschmälert.

**Blüte:** hellblau mit gelber Mitte, klein, in Trauben stehend, noch nicht aufgeblühte Blüten stehen wickelig eingerollt, abstehende Blütenstiele. Die Stiele der Frucht sind 2- bis 3mal länger als der Kelch.

**Blütezeit:** Mai – August.

**Wuchshöhe:** 15–40 cm.

**Lebensweise:** ein- bis zweijährig, keimt während der ganzen Vegetationszeit. Verbreitung der klettenartigen Samen erfolgt durch Wind und Regenwasser, Tiere und Menschen und durch die Pflanze selbst.

**Standort, Boden:** sonnig, vorwiegend auf gut durchlüfteten, feuchten, stickstoffhaltigen Böden. Lehmanzeiger.

**Allgemeines:** häufig, außer dem Ackervergißmeinnicht gibt es mehrere, ähnliche, aber kleinere Arten.

**Maßnahmen:** jäten und hacken.

**Abbildungen:** Keimpflanzen, blühende Pflanze.

# Klatschmohn
Feuermohn, Blutrose, Flammenblume          *Papaver rhoeas*

**Pflanze:** Stengel aufrecht, wenig verzweigt, abstehend borstig behaart. Blätter behaart, zunächst in Rosette wachsend, fiederspaltig, gezähnt. Wenige Stengelblätter, sitzend.
**Keimpflanze:** Keimblätter linealisch, dem Boden anliegend. Die ersten 2–3 Laubblätter sind gestielt, oval bis löffelförmig, ganzrandig und unbehaart.
**Blüte:** 4 große, scharlachrote Blumenblätter, die am Grunde oft dunkel gefleckt sind. Blüten stehen einzeln am Stengelende, vor dem Aufblühen nickend.
**Blütezeit:** Mai – Juli.
**Wuchshöhe:** 30–60 cm.
**Lebensweise:** ein- selten zweijährig, Keimzeit im Herbst oder Frühjahr. Samenverbreitung durch Wind (Windstreuer).
**Standort, Boden:** Sonne bis Halbschatten, auf feuchten, nährstoffreichen Lehm- und Tonböden. Er wächst auch auf warmen Kalkböden.
**Allgemeines:** typisches Unkraut für Erstbesiedlung von freien Gartenflächen, z. B. in Neubaugebieten. Es kommt anfangs leicht zu Massenentwicklung. Die Pflanze führt weißen Milchsaft. Sie ist schwach giftig.
**Maßnahmen:** verschwindet bei normaler Gartenbearbeitung.

**Abbildungen:** Keimpflanze, blühende Pflanze.

# Ampferknöterich
*Polygonum lapathifolium*

Krötenknöterich, Weiherkraut, Geflecktblättriger Knöterich

**Pflanze:** Stengel aufrecht oder geknickt aufsteigend, an den Knoten verdickt, meist stark verzweigt, oft rot gefleckt. Blätter eiförmig bis lanzettlich, nach oben hin schmaler werdend, oft mit dunklem Fleck, auf der Unterseite drüsig punktiert. Blattscheiden tütenförmig, häutig, grünlich, oft rot überlaufen.

**Keimpflanze:** Keimblätter lanzettlich, lang. Die ersten Laubblätter sind linealisch-lanzettlich, manchmal mit schwarzem Fleck.

**Blüte:** am Stengelende und in den Blattachseln stehende, aufrechte, vielblütige, walzenförmige Scheinähren, weiß oder rot blühend.

**Blütezeit:** Juli – Oktober.

**Wuchshöhe:** 20 – 100 cm.

**Lebensweise:** einjährig, Keimung im Frühjahr. Die Samen werden durch Menschen und Tiere, Regenwasser und Wind verbreitet.

**Standort, Boden:** Sonne bis Halbschatten, auf frischen, nährstoffreichen, lockeren Lehm- und Sandlehmböden.

**Allgemeines:** kommt zerstreut im Garten vor.

**Maßnahmen:** jäten.

**Abbildungen:** Keimpflanzen, Blütenstand.

# Ackerrettich

Hederich, Haddick, Wilder Rettich          *Raphanus raphanistrum*

**Pflanze:** Stengel aufrecht, stumpfkantig. Untere Blätter sind leierförmig, mit eiförmigen, gezähnten Seitenlappen, die zur Blattspitze hin größer werden, und einem sehr großen Endlappen. Die oberen Blätter sind ungelappt, lanzettlich. Alle Blätter borstig rauh.

**Keimpflanze:** Keimblätter verkehrt herzförmig, gestielt. Erste Laubblätter ungefiedert, eiförmig, gekerbt. Die Pflanze ist mit Radieschen, Rettich, Kohl zu verwechseln.

**Blüte:** hellgelb oder weiß, mit violetten oder dunkelgelben Adern, in lockerer Traube. Kelchblätter aufrecht. Die Frucht ist eine mehrfach quer eingeschnürte lange Gliederschote.

**Blütezeit:** Mai – August.

**Wuchshöhe:** 30 – 60 cm.

**Lebensweise:** einjährig, Keimzeit Herbst oder Frühjahr. Samenverbreitung durch Wind und Regenwasser, Menschen und Tiere.

**Standort, Boden:** Sonne bis Halbschatten, auf kalkreichen, etwas sauren Lehm- und Sandböden.

**Allgemeines:** häufig. Der Ackerrettich ähnelt dem Ackersenf, der aber waagerecht abstehende Kelchblätter hat.

**Maßnahmen:** läßt sich leicht durch Jäten beseitigen.

**Abbildungen:** Keimblätter, blühende und fruchtende Pflanze.

## Einjähriger Knäuel

Grüner Knäuel, Krolleskraut, Bocksbart

*Scleranthus annuus*

**Pflanze:** Niederliegender, aufsteigender oder aufrechter Stengel, stark verzweigt. Blätter pfriemenförmig, gebüschelt oder gegenständig, am Rande behaart.

**Keimpflanze:** Keimblätter und erste Laubblätter nadelförmig oder pfriemenförmig, Rosette bildend.

**Blüte:** klein, grünlich, ohne Blumenblätter. Kelchblätter eiförmig spitz, mit einem weißen, trockenhäutigen Rand. Die Blüten stehen in Knäueln in den Blattachseln oder an den Enden der Zweige.

**Blütezeit:** Mai – Oktober.

**Wuchshöhe:** 8–20 cm.

**Lebensweise:** einjährig, keimt im Herbst oder Frühjahr. Die Klettenfrüchte werden durch Tiere und Menschen verbreitet, zuweilen auch durch Regenwasser.

**Standort, Boden:** Sonne bis Halbschatten, auf lockeren Sandböden, die mindestens schwach sauer sind. Säureanzeiger.

**Allgemeines:** kommt nicht häufig in Gärten vor, wird aber als Unkraut betrachtet.

**Maßnahmen:** jäten, falls die Pflanzen stören.

**Abbildung:** blühendes Kraut.

# Gemeines Greiskraut

Gemeines Kreuzkraut, Dickkopfskraut                    *Senecio vulgaris*

**Pflanze:** Stengel aufrecht, verzweigt, kahl. Blätter wechselständig, linealisch, buchtig gelappt bis fiederspaltig, die unteren breit gestielt, die oberen stengelumfassend. Stengel und Blätter oft spinnwebartig behaart.
**Keimpflanze:** Keimblätter linealisch, in Stiel verschmälert. Die ersten Laubblätter sind verkehrt eiförmig, gekerbt, gestielt.
**Blüte:** Blütenkörbchen klein, mit gelben Röhrenblüten, die den walzenförmigen Kelch nur wenig überragen, in lockeren Rispen angeordnet. Frucht mit weißem Haarschopf.
**Blütezeit:** das ganze Jahr über.
**Wuchshöhe:** 10–40 cm.
**Lebensweise:** ein- bis zweijährig. Die Pflanze keimt das ganze Jahr über, und es wachsen oft mehrere Generationen in einem Jahr. Verbreitung der Früchte hauptsächlich durch den Wind, aber auch durch die Pflanze selbst, durch Tiere und Menschen.
**Standort, Boden:** Sonne bis Halbschatten, auf nährstoff- und stickstoffreichen Böden.
**Allgemeines:** sehr häufig, wächst auf Gemüsebeeten und kommt auf unbebauten Flächen oft in Massen vor.
**Maßnahmen:** jäten. Die Pflanze verschwindet auch, wenn ihr höherwachsende Kulturpflanzen das Licht wegnehmen.

**Abbildungen:** Keimpflanzen, blühende und fruchtende Pflanze.

# Wegrauke

Raukensenf, Gelbes Eisenkraut  *Sisymbrium officinale*

**Pflanze:** aufrechter Stengel, der oben verzweigt ist, mit zurückgekrümmten Haaren. Untere Blätter sind fiederspaltig, mit langem Endzipfel, obere Blätter spießförmig, gestielt, behaart.

**Keimpflanze:** Keimblätter löffelförmig, gestielt. Erste Laubblätter rundlich mit ausgeschweiftem Rand.

**Blüte:** Die kleinen, blaßgelben Einzelblüten stehen in einer Traube, die sich später streckt. Die Schoten liegen dem Stengel an.

**Blütezeit:** Mai – Oktober.

**Wuchshöhe:** 30–60 cm.

**Lebensweise:** ein- bis zweijährig, Keimung im Frühjahr. Die Samen werden durch Wind, Tiere und Menschen verbreitet.

**Standort, Boden:** sonnig, auf nährstoff- und stickstoffreichen, lockeren, trockenen Sand- und Lehmböden.

**Allgemeines:** Die in der freien Natur häufige Pflanze erscheint bisweilen als Gartenunkraut.

**Maßnahmen:** läßt sich leicht durch Jäten entfernen.

**Abbildungen:** Keimpflanze, Pflanze mit ersten Blüten.

# Ackersenf

Falscher Hederich, Wilder Senf, Ackerkohl          *Sinapis arvensis*

**Pflanze:** Stengel aufrecht, verzweigt, steifborstig behaart. Obere Blätter eiförmig bis lanzettlich, gezähnt, kurz gestielt bis sitzend. Untere Blätter fast leierförmig, gelappt oder buchtig gezähnt, gestielt, rauh behaart.
**Keimpflanze:** Keimblätter verkehrt herzförmig, gestielt. Erste Laubblätter vorn abgerundet.
**Blüte:** sattgelb, zahlreich in doldenähnlichen Trauben, die später stark verlängert sind. Die Kelchblätter stehen waagerecht ab. (Senf senkt die Kelchblätter, Hederich hebt sie.)
**Blütezeit:** Mai – September.
**Wuchshöhe:** 30–60 cm.
**Lebensweise:** einjährig, Keimung vorwiegend im Frühjahr. Die Samen werden durch Wind, Regenwasser, Menschen und Tiere verbreitet.
**Standort, Boden:** Sonne bis Halbschatten, auf nährstoffreichen, kalkhaltigen Lehmböden.
**Allgemeines:** sehr häufig, kommt manchmal auch in Gärten in Massen vor.
**Maßnahmen:** jäten oder hacken.

**Abbildungen:** Keimblätter, Blattrosette, blühende Pflanze.

## Schwarzer Nachtschatten

Giftkraut, Teufelskraut

*Solanum nigrum*

**Pflanze:** Stengel verästelt mit kantigen Zweigen, niederliegend bis aufstei-gend, zerstreut behaart. Blätter wechselständig, dreieckig, ganzrandig oder buchtig gezähnt, kahl oder zerstreut anliegend behaart.

**Keimpflanze:** Keimblätter eiförmig mit ausgezogener, ganzrandiger Spitze, gestielt. Erste Laubblätter rundlich mit Spitze, zerstreut behaart.

**Blüte:** fünfzipfelig, mit weit herausragenden Staubblättern, sternförmig, weiß, in wenigblütigen Trauben.

**Blütezeit:** Juni – Oktober.

**Wuchshöhe:** 10–100 cm.

**Lebensweise:** einjährig, Keimzeit im Frühjahr. Samen werden durch Regenwasser, Tiere und Menschen verbreitet.

**Standort, Boden:** sonnig bis halbschattig, auf lockeren, stickstoffreichen, humosen Böden.

**Allgemeines:** kommt stellenweise vor. Der Schwarze Nachtschatten enthält besonders in den Blättern das stark reizende und auch als Nervengift wirkende Solanin.

**Maßnahmen:** jäten, hacken.

**Abbildung:** Pflanze mit Blüten und Früchten.

## Rauhe Gänsedistel

Dornige Gänsedistel, Musdistel, Rauhe Saudistel          *Sonchus asper*

**Pflanze:** Stengel hohl, dick, kahl, aufrecht, oft vom Grunde an verzweigt. Blätter fast lederartig, dunkelgrün, länglich-eiförmig, stachelig gezähnt. Öhrchen am Grunde rund und schneckenartig den Stengel umfassend.
**Keimpflanze:** Keimblätter deutlich gestielt, rund bis spatelförmig. Erste Laubblätter eiförmig-länglich, unterseits zuweilen bläulich, erstes nur gezähnt, zweites mit Stacheln.
**Blüte:** sattgelbe Blütenkörbchen, die nur Zungenblüten enthalten, stehen in Doldentrauben.
**Blütezeit:** Juni – Oktober.
**Wuchshöhe:** 30 – 100 cm.
**Lebensweise:** einjährig, keimt im Frühjahr. Die Früchte werden besonders durch Wind verbreitet (Flugfrüchte). Kräftige Pfahlwurzel.
**Standort, Boden:** sonnig bis halbschattig, auf kalkhaltigen, stickstoff- und nährstoffreichen Lehmböden.
**Allgemeines:** sehr häufig, wächst oft auf Gemüsebeeten. Die Pflanze ähnelt sehr der Kohlgänsedistel, enthält wie diese Milchsaft und ist schwach giftig.
**Maßnahmen:** die jungen Pflanzen jäten, ältere mit der kräftigen Pfahlwurzel ausstechen.

**Abbildungen:** Keimpflanzen, blühendes Kraut.

# Kohlgänsedistel

Maidistel, Milchkraut, Musdistel, Saukohl            *Sonchus oleraceus*

**Pflanze:** Stengel hohl, aufrecht, ästig. Blätter ungeteilt oder schrotsägeför-
mig-fiederteilig, stachelig gezähnt, blaugrün, schlapp, den Stengel pfeilförmig umfassend, die untersten gestielt.
**Keimpflanze:** Keimblätter rundlich, am Ende zuweilen eingebuchtet, ge-
stielt. Die ersten Laubblätter sind rundlich, glänzend grün, in den Stiel
zusammengezogen.
**Blüte:** Körbchen mit hellgelben Zungenblüten. Lockere, endständige
Doldentrauben.
**Blütezeit:** Juni – Oktober.
**Wuchshöhe:** 30 – 100 cm.
**Lebensweise:** einjährig, Keimung im Frühjahr. Die Blüten sind nur morgens
von 6 – 11 Uhr geöffnet. Die Samen werden durch Wind, Regenwasser und
die Pflanze selbst verbreitet und durch Tiere und Menschen verschleppt.
**Standort, Boden:** sonnig bis halbschattig, auf stickstoffhaltigen, nährstoff-
reichen, auch kalkhaltigen Böden.
**Allgemeines:** häufig. Die Pflanze enthält viel Milchsaft und ist schwach
giftig.
**Maßnahmen:** Jungpflanzen jäten, ältere mit der kräftigen Wurzel ausstechen.

**Abbildung:** blühende Pflanze.

# Vogelsternmiere
Vogelmiere, Gänsegras, Mäuse- oder Hühnerdarm          *Stellaria media*

**Pflanze:** Stengel niederliegend, rund, einreihig behaart, verschlingt sich oft »darmartig«. Untere Blätter gestielt, obere sitzend, spitz, eiförmig, gegenständig.

**Keimpflanze:** zartgrün, Keimblätter gestielt, eiförmig, spitz. Erste Laubblätter eiförmig-rundlich mit Spitze.

**Blüte:** weiß, sternartig, klein und unscheinbar, blattachselständig. Blumenblätter gespalten.

**Blütezeit:** fast ganzjährig.

**Wuchshöhe:** 5–60 cm.

**Lebensweise:** einjährig, keimt das ganze Jahr über. Pflanzen, die im Herbst keimen, bilden schon im Frühjahr Samen. Die Samen werden durch Regenwasser und Wind, Menschen und Tiere (besonders Ameisen) verbreitet.

**Standort, Boden:** Sonne bis Halbschatten, auf stickstoffreichen, humosen, gut durchlüfteten Böden.

**Allgemeines:** sehr häufig, vermehrt sich in Massen und bildet im Frühjahr oft einen dichten und großflächigen Filz.

**Maßnahmen:** durch Hacken leicht zu beseitigen, es empfiehlt sich aber, auf offenen Stellen die Vogelsternmiere als Bodendecker stehenzulassen, sofern sie keine anderen Pflanzen bedrängt.

**Abbildungen:** Keimpflanzen, blühendes Kraut.

## Ackerhellerkraut
*Thlaspi arvensis*

Pfennigkraut, Ackertäschel, Dukatensamen, Schillinge, Bauernkresse

**Pflanze:** Stengel aufrecht, kantig, oben verzweigt. Blätter meist buchtig gezähnt mit pfeilförmigem Grund, länglich, sitzend, hellgrün.

**Keimpflanze:** Keimblätter ganzrandig, rund-oval mit Stiel. Die ersten Laubblätter sind ebenfalls rund-oval, glatt, dunkelgrün, spätere eiförmig-lanzettlich, entfernt buchtig gezähnt.

**Blüte:** weiß, klein, in dichter Traube, die später stark verlängert ist. Das breitgeflügelte Schötchen ist fast kreisrund.

**Blütezeit:** Mai – Oktober.

**Wuchshöhe:** 10–30 cm.

**Lebensweise:** ein- bis zweijährig, Keimung im Frühjahr, aber auch im Herbst. Die Samen werden durch Wind und Regenwasser, Mensch und Tier verbreitet.

**Standort, Boden:** sonnig bis halbschattig, auf nährstoffreichen, lockeren Lehmböden.

**Allgemeines:** häufig. Die Pflanze enthält Senföl und schmeckt und riecht scharf. Sie gehört zu den Pionierpflanzen auf unbewachsenen Böden z. B. in Neubaugebieten.

**Maßnahmen:** jäten oder hacken.

**Abbildungen:** Blattrosette, Blüten- und Fruchtstand.

# Hasenklee

Ackerklee, Katzenklee, Katzenpfoten, Mäuseklee     *Trifolium arvense*

**Pflanze:** Stengel aufrecht oder aufsteigend, verästelt, kurzzottig behaart, oft rot überlaufen. Blätter dreiteilig, Teilblättchen linealisch, meist beiderseits weich behaart.

**Keimpflanze:** Keimblätter rundlich, kurzgestielt. Erstes Laubblatt halbrund bis verkehrt herzförmig, spätere dreiteilig, verkehrt eiförmig, auf beiden Seiten seidig behaart. Blätter und Stiel oft rot überlaufen. Nebenblättchen häutig, pfriemenförmig-lanzettlich, mehr oder weniger rot.

**Blüte:** zylindrische Blütenköpfchen, Blüte erst weiß, dann rötlich überlaufen. Der Kelch ist dicht und lang fedrig behaart, länger als die Blumenblätter.

**Blütezeit:** Mai – Oktober.

**Wuchshöhe:** 5–30 cm.

**Lebensweise:** einjährig, Keimung im Herbst. Die Samen werden durch den Menschen, Regenwasser und Wind verbreitet.

**Standort, Boden:** sonnig, auf leichten, trockenen, kalkarmen Sandböden.

**Allgemeines:** häufig, alte Heilpflanze.

**Maßnahmen:** jäten.

**Abbildung:** blühendes Kraut.

## Kleine Brennessel

Haarnessel, Entennessel, Gänseschnippchen          *Urtica urens*

**Pflanze:** Stengel aufrecht, vierkantig, vom Grunde an verzweigt. Blätter ei-förmig-elliptisch, eingeschnitten, gesägt, kürzer als ihr Stiel, kreuzgegen-ständig. Stengel und Blätter mit Brennhaaren.
**Keimpflanze:** Keimblätter kurzgestielt, rundlich, an der Spitze leicht einge-buchtet. Erste Laubblätter sind regelmäßig und stark eingeschnitten, rund-oval.
**Blüte:** getrenntgeschlechtlich einhäusig. Blüten unscheinbar, grünlich, in aufrechten oder abstehenden Rispen in den Blattachseln.
**Blütezeit:** Juni – September.
**Wuchshöhe:** 10–60 cm.
**Lebensweise:** einjährig, keimt im Frühjahr. Samenverbreitung durch Wind, Regenwasser, Tiere (Vögel) und Menschen.
**Standort, Boden:** Sonne bis Halbschatten, auf stickstoffreichen, humus-reichen Gartenböden.
**Allgemeines:** Die Kleine Brennessel kommt stellenweise häufig auf Gemü-sebeeten, besonders auf überdüngtem Boden, vor. Sie wächst aber auch gern an Mauern.
**Maßnahmen:** jäten oder hacken.

**Abbildungen:** Keimpflanzen, blühende Pflanze.

## Feldehrenpreis
Gewitterblume

*Veronica arvensis*

**Pflanze:** polsterbildend. Stengel aufrecht oder aufsteigend, verzweigt, behaart. Blätter eiförmig, gekerbt, obere ganzrandig, lanzettlich. Alle Blätter sind dunkelgrün, zerstreut behaart.
**Keimpflanze:** Keimblätter sehr klein, dreieckig, mit abgerundeter Spitze. Erste Laubblätter sind oval, eingeschnitten gekerbt, zerstreut behaart, kurzgestielt.
**Blüte:** himmelblau, klein, steht einzeln in den Achseln der oberen Blätter. Die anfangs gedrungene Traube verlängert sich bald. Blütenstiel kürzer als der Kelch.
**Blütezeit:** März – September.
**Wuchshöhe:** 5–20 cm.
**Lebensweise:** einjährig, Keimzeit im Herbst. Die Samen werden durch Wind und Tiere (vor allem Ameisen) verbreitet.
**Standort, Boden:** sonnig, auf nährstoffreichen, mäßig sauren Lehm- und Sandböden.
**Allgemeines:** sehr häufig.
**Maßnahmen:** leicht durch Jäten zu beseitigen.

**Abbildung:** blühendes Kraut.

## Efeuehrenpreis

Mannstreu, Hühnerbiß, Lärchenblume          *Veronica hederifolia*

**Pflanze:** Stengel kriechend, selten aufsteigend, am Grunde stark verzweigt, locker behaart. Blätter efeuähnlich, rundlich-herzförmig, 3- bis 7lappig, gestielt, behaart, hellgrün.
**Keimpflanze:** Keimblätter gestielt, derb, oval. Erste Laubblätter sind rundlich-dreieckig, nur wenig gekerbt, stark borstig behaart. Blätter paarig.
**Blüte:** hellblau bis lila, einzeln in den Blattachseln. Blütenstiel länger als der Kelch.
**Blütezeit:** März – Mai, zuweilen schon im Winter.
**Wuchshöhe:** 5–30 cm.
**Lebensweise:** einjährig, Keimzeit hauptsächlich im Herbst, aber auch im Frühjahr. Die Samen werden von Wind und Tieren (hauptsächlich von Ameisen) verbreitet.
**Standort, Boden:** Halbschatten, auf lockeren, nährstoffreichen Lehmböden.
**Allgemeines:** häufiges Unkraut auf Gemüsebeeten und in Gebüschen. Es breitet sich aus, bevor die Kulturpflanzen keimen.
**Maßnahmen:** verhältnismäßig leicht durch Jäten zu beseitigen.

**Abbildungen:** Keimpflanze, blühendes Kraut.

# Persischer Ehrenpreis

Großer Ackerehrenpreis, Tournefort-Ehrenpreis          *Veronica persica*

**Pflanze:** Stengel liegend oder aufsteigend, meist mehrere, einfach oder verzweigt, kraushaarig. Blätter herz- oder eiförmig, gesägt, kurzgestielt, zertreut behaart.

**Keimpflanze:** Keimblätter dreieckig, kurzgestielt.

**Blüte:** himmelblau mit einem weißlichen oder gelblichen Fleck im Schlund, größer als bei den anderen Ehrenpreisarten, einzeln auf langen Stielen in den Blattachseln stehend.

**Blütezeit:** März – Oktober.

**Wuchshöhe:** 10–40 cm.

**Lebensweise:** einjährig, keimt besonders im Frühjahr, unter günstigen Bedingungen auch das ganze Jahr hindurch. Die Samen werden durch den Wind verbreitet.

**Standort, Boden:** Halbschatten, auf nährstoffreichen, humosen Lehmböden.

**Allgemeines:** der Persische Ehrenpreis stammt aus Kleinasien und wurde in Europa in botanischen Gärten gehalten. 1805 verwilderte er aus dem Botanischen Garten in Karlsruhe. Jetzt ist er eines der häufigsten Unkräuter und kommt überall im Garten vor, besonders aber in Erbsen- und anderen Gemüsekulturen.

**Maßnahmen:** jäten und hacken.


**Abbildung:** blühende Pflanzen.

## Glänzender Ehrenpreis

*Veronica polita*

**Pflanze:** meist mehrere Stengel, am Grunde reich verästelt, liegend bis aufsteigend. Blätter eiförmig, grob gekerbt, kurzgestielt, behaart, dunkelgrün.
**Keimpflanze:** Keimblätter oval. Erste Laubblätter dreieckig-eiförmig, gekerbt, am Grunde flach, dunkelgrün.
**Blüte:** himmelblau, klein, an langen, zerstreut behaarten Stielen in den Blattachseln.
**Blütezeit:** März – September.
**Wuchshöhe:** 5–20 cm.
**Lebensweise:** einjährig, keimt im Frühjahr. Die Früchte werden durch den Wind verbreitet.
**Standort, Boden:** sonnig, auf lockeren, nährstoffreichen, sandigen Lehmböden.
**Allgemeines:** kommt zuweilen häufig im Garten vor, ähnelt dem Ackerehrenpreis, dessen Blüten fast weiß sind.
**Maßnahmen:** jäten oder hacken.

**Abbildung:** blühendes Kraut.

## Ackerstiefmütterchen

Wildes Stiefmütterchen                                    *Viola arvensis*

**Pflanze:** Stengel aufsteigend, meist verzweigt. Blätter eiförmig bis pfeilförmig, gekerbt, langgestielt. Nebenblätter am Grund fiederspaltig, der ungeteilte mittlere Zipfel viel länger als die beiden geteilten Seitenzipfel.
**Keimpflanze:** Keimblätter langgestielt, rund. Erste Laubblätter rundlich, schwach gekerbt.
**Blüte:** hellgelb, ohne Duft. Untere Blumenblätter etwa so lang wie die Kelchblätter, mit violett gefärbtem Sporn.
**Blütezeit:** April – Oktober.
**Wuchshöhe:** 10 – 20 cm.
**Lebensweise:** einjährig, keimt im Herbst oder im Frühjahr. Die Samen werden durch die Pflanze selbst, durch Tiere und Menschen verbreitet.
**Standort, Boden:** Halbschatten, auf stickstoffhaltigen Böden.
**Allgemeines:** kommt als Gartenunkraut recht häufig, doch selten in großen Mengen vor. Heilpflanze.
**Maßnahmen:** Wo die Pflanze stört, ist sie leicht durch Jäten zu beseitigen.

**Abbildungen:** Blattrosette, blühende Pflanze.

# Wiesenkerbel
Wilder Kerbel                                    *Anthriscus sylvestris*

**Pflanze:** Stengel aufrecht, verzweigt, kantig, hohl. Blätter dreifach fieder-
teilig, Zipfel am Rand bewimpert.
**Keimpflanze:** Keimblätter linealisch, dem Keimling der Möhren, der Peter-
silie, des Selleries ähnlich.
**Blüte:** klein, weiß bis grünlich, mit fünf Blumenblättern. Endständige, locke-
re, vielstrahlige Dolde.
**Blütezeit:** Mai – August.
**Wuchshöhe:** 70–130 cm.
**Lebensweise:** ausdauernd, keimt im Frühjahr und blüht meist erst im 3. Jahr.
Pfahlwurzel. Aus den Achseln abgestorbener Blätter wachsen Nebentriebe,
die nach dem Absterben der Hauptwurzel selbständige Pflanzen bilden. Ver-
breitung vor allem durch Samen.
**Standort, Boden:** sonnig, auf lockeren, nährstoffreichen, leicht feuchten
Böden.
**Allgemeines:** sehr häufig an Wiesen- und Waldrändern und dringt in nahe-
gelegene Gärten ein.
**Maßnahmen:** jäten oder hacken, gegebenenfalls ausstechen.

**Abbildungen:** Keimpflanzen, mehrjähriger Austrieb, blühende Pflanzen.

# Gemeine Schafgarbe

*Achillea millefolium*

Wiesenschafgarbe, Feldgarbe, Garbenkraut, Tausendblatt, Tausendspitze

**Pflanze:** Stengel aufrecht, nicht oder nur oben spärlich verzweigt, reich beblättert, zerstreut filzig behaart. Blätter wechselständig, doppelt gefiedert, Teilblättchen 2- bis 5spaltig.

**Keimpflanze:** Keimblätter keulenförmig, zugespitzt. Die ersten Laubblätter sind schmal, länglich, einfach bis doppelt gefiedert.

**Blüte:** Köpfchen mit 4–5 weißen bis rötlichen Zungenblüten und gelblichweißen Scheibenblüten, doldenförmig angeordnet.

**Blütezeit:** Juni – Oktober.

**Wuchshöhe:** 15–60 cm.

**Lebensweise:** ausdauernd, Keimung im Frühjahr. Vermehrung und Verbreitung vegetativ und durch reichlich entstehende Früchte.

**Standort, Boden:** sonnig, auf nicht zu trockenen, neutralen, nährstoffreichen Böden.

**Allgemeines:** sehr häufig, durch Wurzelausläufer lästiges Unkraut, besonders in Staudenbeeten. Die Pflanze duftet aromatisch. Heilpflanze.

**Maßnahmen:** bei starker Verunkrautung Stauden ausgraben, Wurzelausläufer aus dem Boden und den Staudenwurzeln entfernen, Stauden wieder einsetzen.

**Abbildungen:** Frühjahrsaustriebe, blühende Pflanze.

# Meerrettich
Pfefferwurzel, Bauernsenf, Fleischkraut                    *Armoracia rusticana*

**Pflanze:** Stengel aufrecht, verzweigt. Blätter bis 1 m lang, grundständig, lang gestielt und gekerbt. Stengelblätter zum Teil auch fiederspaltig.
**Blüte:** klein, weiß, in zahlreichen Trauben.
**Blütezeit:** Mai – Juli.
**Wuchshöhe:** 40 – 150 cm.
**Lebensweise:** ausdauernd. Die Pflanze hat eine lange, dicke Pfahlwurzel. Vermehrung durch Samen und besonders durch Wurzelausläufer.
**Standort, Boden:** sonnig bis halbschattig, auf lehmigen Böden.
**Allgemeines:** Kulturpflanze, die durch Verwilderung zu lästigem Unkraut geworden ist. Häufig. Gewürz- und Heilpflanze.
**Maßnahmen:** verschwindet im Rasen bei regelmäßigem Mähen und muß auf Beeten sorgfältig mit allen Wurzelteilen ausgegraben werden.

**Abbildungen:** Laubblätter, Blütenstand.

## Ackerhornkraut

Unechter Steinbrech, Ackergras, Fettblume          *Cerastium arvense*

**Pflanze:** Stengel niederliegend und aufsteigend, kurz bis flaumig behaart. Blätter gegenständig, länglich-lanzettlich, sitzend, anliegend behaart, meist mit kleinblättrigen Ästen in den Achseln.

**Keimpflanze:** klein, 4−5 mm lange Keimblätter. Die ersten Laubblätter sind kurzhaarig, rundlich-lanzettlich, nach beiden Seiten verschmälert.

**Blüte:** groß, weiß, bis zu $1/4$ eingekerbt, doppelt so lang wie der Kelch. Gedrungene Doldenrispe.

**Blütezeit:** Mai − Juli.

**Wuchshöhe:** 5−30 cm.

**Lebensweise:** ausdauernd, horstbildend, keimt im Herbst. Samenverbreitung durch Wind und Regenwasser, Mensch und Tier.

**Standort, Boden:** sonnig, auf trockenen, kalkhaltigen, auch sandigen Böden.

**Allgemeines:** kommt zerstreut vor. Die nicht blühenden Stengel der Pflanze bilden lockere Rasen.

**Maßnahmen:** kaum notwendig. Bei größerem Vorkommen jäten, bei geringem Vorkommen kann man das Ackerhornkraut im Steingarten dulden.

**Abbildung:** blühendes Kraut.

## Gemeines Hornkraut
Stierkraut, Wegehornkraut

*Cerastium fontanum*

**Pflanze:** Stengel niederliegend bis aufrecht, dicht behaart oder kahl. Blätter gegenständig, länglich-eiförmig bis lanzettlich. Pflanze vielgestaltig.
**Keimpflanze:** dem des Ackerhornkraut ähnlich. Erste Laubblätter kreuzgegenständig, länglich-eiförmig, dicht behaart.
**Blüte:** groß, weiß. Blumenblätter eingeschnitten, endständige Doldenrispe.
**Blütezeit:** April – Oktober.
**Wuchshöhe:** 10 – 50 cm.
**Lebensweise:** ausdauernd, keimt meist im Herbst. Samenverbreitung durch Regenwasser und Wind, Menschen und Tiere.
**Standort, Boden:** sonnig bis schattig, auf lehmigen, feuchten, nährstoffreichen Böden.
**Allgemeines:** häufig, vermehrt sich manchmal massenhaft und bildet Kriechrasen.
**Maßnahmen:** Da Einzelpflanzen jeweils große Flächen bedecken, sind sie durch Jäten leicht zu beseitigen.

**Abbildung:** blühendes Kraut.

# Ackerdistel
Ackerkratzdistel, Felddistel, Spitzdistel, Stechdistel        *Cirsium arvense*

**Pflanze:** Stengel aufrecht, stark verästelt, mit nicht blühenden Zweigen, kantig, gefurcht. Blätter lanzettlich, buchtig-fiederspaltig oder ungeteilt, meist wellig, am Rand stachelig, sitzend, etwas am Stengel herablaufend.
**Keimpflanze:** Keimblätter rundlich-oval, fleischig, ganzrandig. Erste Laubblätter eiförmig, mit starken Stachelspitzen.
**Blüte:** lila bis purpurrot. Blütenkörbchen rispig angeordnet, mit zahlreichen Scheibenblüten.
**Blütezeit:** Juli – Oktober.
**Wuchshöhe:** 40 – 150 cm.
**Lebensweise:** ausdauernd. Pflanze mit langer Pfahlwurzel und tiefgehenden Ausläufern, keimt im Herbst. Verbreitung der behaarten Früchte durch Wind, Regenwasser und die Pflanze selbst, Verschleppung auch durch Mensch und Tier.
**Standort, Boden:** Sonne bis Halbschatten, auf stickstoffhaltigen, tiefgründigen lehmigen Böden.
**Allgemeines:** sehr häufig, nimmt anderen Pflanzen den Platz weg. Die Blattstacheln und die Flughaare der Früchte können allergische Entzündungen hervorrufen.
**Maßnahmen:** systematisches Ausstechen bis in die tiefen Wurzelbereich, bis kein Nachwuchs mehr erfolgt.

**Abbildungen:** Keimpflanze, mehrjähriger Austrieb, blühende Pflanze.

## Ackerwinde
Erdwinde, Liebfrauenkelch  *Convolvulus arvensis*

**Pflanze:** Stengel niederliegend oder spiralig linkswindend gedreht, kahl, stumpfsechskantig. Blätter gestielt, länglich-eiförmig, an der Spitze abgerundet, am Grunde pfeilförmig, wechselständig.
**Keimpflanze:** Keimblätter langgestielt, deutlich geadert, nierenförmig. Laubblätter glänzend dunkelgrün, die ersten herzförmig am Stiel ausgerandet, die späteren pfeilförmig.
**Blüte:** weiß bis hellrot, mit 5 roten Außenstreifen, schwach zipfelig, trichterförmig.
**Blütezeit:** Juni – Oktober.
**Wuchshöhe:** 30–100 cm.
**Lebensweise:** ausdauernd, keimt das ganze Jahr hindurch. Die Einzelblüte blüht nur 1 Tag lang. Verbreitung der Samen durch Regenwasser und Wind, Mensch und Tier und durch die Pflanze selbst, vermehrt sich durch Wurzelausläufer.
**Standort, Boden:** sonnig, auf allen Böden. Bevorzugt nährstoffreiche, tiefgründige, trocken-warme Böden.
**Allgemeines:** häufig. Die Pflanze bildet bis 2 m lange Wurzelausläufer mit Knospen, die anderen Pflanzen den Wurzelraum wegnehmen können. Durch das Umschlingen der windenden Triebe können Pflanzen erstickt werden.
**Maßnahmen:** sorgfältiges Ausgraben aller Wurzelausläufer.

**Abbildungen:** windendes Kraut, Blüten.

# Bergweidenröschen

Heckensalat, Wilde Kresse, Donnerkraut *Epilobium montanum*

**Pflanze:** Stengel aufrecht, erst im oberen Teil verzweigt. Obere Blätter oft wechselständig, untere gegenständig, lanzettlich, gesägt-gezähnt.
**Keimpflanze:** Keimblätter eiförmig, erste Laubblätter größer, eiförmig, gezähnt.
**Blüte:** hellrosa, Blumenblätter deutlich eingekerbt, gestielt, in den oberen Blattachseln stehend.
**Blütezeit:** Juni – September.
**Wuchshöhe:** 20 – 100 cm.
**Lebensweise:** ausdauernd, horstbildend. Keimung im Frühjahr. Verbreitung der behaarten Samen hauptsächlich durch den Wind.
**Standort, Boden:** sonnig bis schattig, auf feuchten, nährstoffreichen, auch steinigen Böden.
**Allgemeines:** tritt im Garten als Unkraut auf.
**Maßnahmen:** Pflanze jäten, bei älteren Pflanzen Horste ausgraben.

**Abbildungen:** Frühjahrsaustrieb, blühende Pflanze.

## Ackerschachtelhalm
Zinnkraut, Schaftheu

*Equisetum arvense*

**Pflanze:** Sporenpflanze mit fruchtbaren und unfruchtbaren Trieben. Die Fruchtsprosse erscheint zuerst im zeitigen Frühjahr, gelbbraun bis rötlich-braun. Blätter an den Knoten zu einer schwarzbraunen, gezähnten Scheide verwachsen. Ährenförmiger Sporenstand. Nach dem Ausstreuen der Sporen stirbt der Trieb ab.
Die unfruchtbaren grünen Sprosse erscheinen später. Die zahlreichen Seitentriebe sind quirlig in Etagen angeordnet und oft verzweigt, an den Knoten von einer gezähnten Blattscheide umgeben.
**Sporenreife:** März – April.
**Wuchshöhe:** Fruchtsprosse 5–30 cm, unfruchtbare 5–50 cm.
**Lebensweise:** ausdauernd, keimt im Frühjahr, wird durch Wind, Regenwasser, Mensch und Tier verbreitet.
**Standort, Boden:** Sonne bis Halbschatten. Auf lockeren, durchlüfteten, trockenen bis feuchten, steinigen oder tonigen, offenen Böden.
**Allgemeines:** sehr häufig. Die weitverzweigten Wurzeln reichen tief in wasserführende Bodenschichten.
**Maßnahmen:** sehr schwierig zu beseitigendes Unkraut, da die Wurzelausläufer meist tiefer als ein Spatenstich wachsen, durch ständiges Entfernen der grünen Teile aushungern.

**Abbildungen:** grüne Sprosse, Frühjahrstrieb.

## Wiesenbärenklau

Herkuleskraut, Wolfsklau, Roßkümmel

*Heracleum sphondylium*

**Pflanze:** Stengel aufrecht, dicht borstig behaart, kantig gefurcht, oben verzweigt. Blätter 3- bis 5fach fiederschnittig, sehr veränderlich, unregelmäßig grob gesägt, untere gestielt und bis zu 50 cm lang.

**Keimpflanze:** Keimblätter linealisch, gestielt. Die ersten Laubblätter sind handförmig, gelappt.

**Blüte:** kleine Einzelblüten, weiß, seltener blaßgelb oder rötlich. Randblüten größer als die anderen. Zusammengesetzte Dolde mit 15–30 Strahlen.

**Blütezeit:** Juni – Oktober.

**Wuchshöhe:** 30–150 cm.

**Lebensweise:** ein- bis mehrjährig, keimt im Herbst. Die Pflanze besitzt eine tiefgehende, ästige Pfahlwurzel. Die Samen werden hauptsächlich durch den Wind verbreitet.

**Standort, Boden:** Sonne bis Halbschatten, auf nährstoffreichen, feuchten, lockeren Böden.

**Allgemeines:** sehr häufig. Die Pflanze variiert im Aussehen. Sie ist ein gutes Kaninchenfutter. Die ätherischen Öle und Furokumarine können im Licht Hautentzündungen hervorrufen.

**Maßnahmen:** tiefes Ausgraben der Pflanze.

**Abbildungen:** mehrjährige Blattrosette, blühende Pflanze.

## Tüpfelhartheu

Johanniskraut, Sonnwendkraut, Johannisblut    *Hypericum perforatum*

**Pflanze:** Stengel aufrecht, rund, mit 2 Längskanten, oben verzweigt. Blätter gegenständig, oval, klein, mit durchscheinenden Punkten (Öldrüsen).
**Keimpflanze:** Keimblätter wie die ersten Laubblätter oval, aber etwas kleiner als diese.
**Blüte:** goldgelb, 5 Blumenblätter. Staubblätter in Büscheln. Zu mehreren in einer Doldenrispe vereinigt, beim Zerreiben tritt blutroter Saft aus.
**Blütezeit:** Juni – Oktober.
**Wuchshöhe:** 30–60 cm.
**Lebensweise:** ausdauernd, hat einen stark verzweigten Wurzelstock. Keimzeit ist das Frühjahr. Die Samen werden von Menschen und Tieren, Wind und Regenwasser verbreitet.
**Standort, Boden:** sonnig, auf nährstoffarmen, verschiedenartigen, auch unbearbeiteten Böden. Trocken.
**Allgemeines:** häufig. Durch den Farbstoff Hypericin tritt bei Tieren die »Lichtkrankheit« auf, wenn sie von den Blüten gefressen haben und im Licht bleiben. Es kommt zu schweren, ja tödlichen Vergiftungserscheinungen.
**Maßnahmen:** sorgfältiges Ausgraben der Pflanzen mit dem stark verzweigten Wurzelstock.

**Abbildungen:** Keimpflanzen, Mehrjahrsaustriebe, blühende Pflanze.

# Efeugundermann

Gundelrebe, Erdefeu, Soldatenpetersilie          *Glecoma hederacea*

**Pflanze:** Stengel niederliegend, vierkantig, weitkriechend, an den Knoten Wurzeln bildend. Seitentriebe aufrecht. Blätter nierenförmig bis herzförmig, gekerbt, gestielt, unterseits oft rotviolett überlaufen.
**Keimpflanze:** Keimblätter löffelförmig, gestielt.
**Blüte:** blau bis violett, zu zweit oder zu dritt als Scheinquirle in den Blattachseln stehend.
**Blütezeit:** April – Juni.
**Wuchshöhe bzw. -länge:** 15–60 cm.
**Lebensweise:** ausdauernd, Keimung im Sommer. Verbreitung vor allem durch wurzelnde Triebe, aber auch durch Samen.
**Standort, Boden:** halbschattig, auf nährstoffreichen, feuchten, humosen Böden.
**Allgemeines:** häufig. Der Efeugundermann kann große Flächen bedecken und sich zwischen andere Pflanzen drängen.
**Maßnahmen:** Wo er anderen Pflanzen den Platz wegnimmt, sorgfältig die Ausläufer mit Wurzeln beseitigen. Kann als Bodendecker auf offenen Stellen geduldet werden.

**Abbildungen:** wurzelnder Trieb, blühende Pflanze.

# Stachellattich

Kompaßlattich, Ackerlattich, Ackersalat *Lactuca serriola*

**Pflanze:** Stengel aufrecht, oben meist rispig verzweigt, unten borstig behaart, weißlichgrün, oft rotviolett überhaucht. Blätter buchtig fiederspaltig, länglich, am Grunde pfeilförmig, scharf gezähnt, Rand und Hauptnerven borstig behaart. Die Blätter stehen senkrecht und meist in Nord-Süd-Richtung am Stengel (Kompaßstellung).
**Keimpflanze:** Keimblätter eiförmig, erste Laubblätter ungefiedert, gezähnt, in Kompaßstellung.
**Blüte:** gelb. Die einzelnen Körbchen haben nur Zungenblüten. Zahlreich in verlängerter Rispe angeordnet, Frucht mit Haarkrone.
**Blütezeit:** Juli – Oktober.
**Wuchshöhe:** 40 – 130 cm.
**Lebensweise:** ein- bis zweijährig, keimt im Herbst. Er hat eine sehr lange Pfahlwurzel. Die Samen werden hauptsächlich durch den Wind, aber auch durch Tiere und Menschen verbreitet.
**Standort, Boden:** sonnig, auf nährstoffreichen, oft etwas steinigen Böden.
**Allgemeines:** häufig. Die jungen Pflanzen ähneln dem Salat und können mit ihm verwechselt werden. Die Pflanze enthält Milchsaft. Schwach giftig.
**Maßnahmen:** jäten.

**Abbildungen:** Keimpflanzen, blühendes Kraut.

# Hopfenluzerne

Hopfenklee, Lämmerklee, Ge⌊bklee                    *Medicago lupulina*

**Pflanze:** Stengel niederliegend bis aufrecht. Blätter dreizählig gefiedert. Die Teilblättchen sind auf der Unterseite behaart.
**Keimpflanze:** ähnlich denen der anderen Kleearten.
**Blüte:** gelb, 2−5 mm lange kugelige Köpfchen mit 10−50 Einzelblüten, die nach dem Verblühen abfallen.
**Blütezeit:** Mai − Oktober.
**Wuchshöhe:** 10−40 cm.
**Lebensweise:** einjährig bis ausdauernd. Verbreitung der Samen durch Wind, Tiere und Menschen. Auch vegetative Vermehrung durch Ausläufer.
**Standort, Boden:** sonnig, auf nährstoffreichen, stickstoffhaltigen, lehmigen Böden.
**Allgemeines:** häufig. Die Pflanze wird zur Erstbegrünung von Straßenrändern unter anderem angebaut.
**Maßnahmen:** Auf dem Rasen wird die Hopfenluzerne durch Mähen in Grenzen gehalten. Auf Beeten jätet man.

**Abbildung:** blühendes Kraut.

## Weißer Steinklee

*Melilotus alba*

Bucharaklee, Riesenklee, Wunderklee, Ungarischer Honigklee

**Pflanze:** Stengel aufrecht, oben reich verzweigt. Blätter dreizählig gefiedert. Teilblättchen verkehrt eiförmig, gezähnt. Am Grunde des Blattstieles sind 2 kleine Nebenblättchen.
**Keimpflanze:** Keimblätter klein, oval. Erstes Laubblatt ist ungeteilt, herzförmig mit abgerundeter Spitze, folgende dreigeteilte Kleeblätter.
**Blüte:** viele weiße Einzelblüten in schmalen, langen Trauben.
**Blütezeit:** Juli – September.
**Wuchshöhe:** 30–150 cm.
**Lebensweise:** zweijährig, mit kräftiger, verzweigter, tiefgehender Pfahlwurzel. Samenverbreitung durch Ausstreuung durch die Pflanze selbst.
**Standort, Boden:** sonnig, auf stickstoffhaltigen, steinigen oder kiesigen Lehmböden. Pionierpflanze.
**Allgemeines:** Die Pflanze wird als Bodenfestiger und zur Bodenverbesserung angebaut. Sie samt sich im Garten leicht aus und wird zum störenden Unkraut.
**Maßnahmen:** jäten.

**Abbildungen:** Keimpflanzen, blühende Pflanzen.

# Echter Steinklee

*Melilotus officinalis*

Gelber Steinklee, Hummelklee, Tabaksklee, Arzneiklee, Frauenschühlein

**Pflanze:** Stengel aufsteigend bis aufrecht, oben reich verzweigt. Blätter wechselständig, gestielt, dreizählig gefiedert, mit ganzrandigen, lanzettlichen Nebenblättern. Einzelblättchen länglich-eiförmig, gezähnt.

**Keimpflanze:** Keimblätter sehr klein, oval. Das erste Laubblatt ist rundlich, ungeteilt, folgende sind dreizählig gefiederte Kleeblätter.

**Blüte:** zahlreiche gelbe Einzelblüten, lange, lockere, gestielte Trauben in den Achseln der oberen Blätter. Nach Kumarin duftend.

**Blütezeit:** Juni – September.

**Wuchshöhe:** 30–120 cm.

**Lebensweise:** zweijährig, mit tiefgehender und verzweigter Pfahlwurzel. Samenverbreitung durch Ausstreuen durch die Pflanze selbst.

**Standort, Boden:** sonnig, auf stickstoffhaltigen, kalkreichen, bindigen Böden.

**Allgemeines:** stellenweise häufig. Heilpflanze.

**Maßnahmen:** jäten.

**Abbildungen:** Keimpflanzen, blühende Pflanze.

## Ackerminze

Wilde Pfefferminze, Feldminze, Katzenkraut *Mentha arvensis*

**Pflanze:** Stengel niederliegend oder aufsteigend, vierkantig, mattgrün, etwas purpurn überlaufen, verzweigt, locker behaart. Blätte kreuzgegenständig, länglich bis eiförmig, am Rande gesägt, behaart, gestielt.

**Keimpflanze:** Keimblätter rundlich, gestielt. Erste Laubblätter dreieckig.

**Blüte:** rosa bis violett, trichterförmig, in kugeligen Scheinquirlen in den Blattachseln stehend.

**Blütezeit:** Juni – Oktober.

**Wuchshöhe:** 15–50 cm.

**Lebensweise:** ausdauernd, bildet ober- und unterirdische Ausläufer. Keimzeit meist im Herbst. Die Samen werden durch Regenwasser, durch die Pflanze selbst und durch Menschen verbreitet.

**Standort, Boden:** Sonne bis Halbschatten. Auf stickstoffreichen, sandigen und tonigen Lehmböden, die feucht oder zeitweise naß sind.

**Allgemeines:** Das Auftreten der an sich häufigen Ackerminze im Garten zeigt an, daß feuchte Stellen oder Vernässung vorhanden sind. Die Pflanze riecht aromatisch.

**Maßnahmen:** Falls es notwendig ist, Legen einer Dränage oder entsprechende Behandlung des Bodens.

**Abbildung:** blühende Pflanzen.

## Steifer Sauerklee

*Oxalis fontana*

**Pflanze:** Stengel aufrecht oder aufsteigend, verzweigt, zerstreut behaart. Blätter dreizählig gefiedert, oberseits grasgrün, unterseits bläulichgrün.
**Keimpflanze:** Keimblätter rund-oval, ganz kurz gestielt. Die ersten Laubblätter sind dünn, oberseits grasgrün, unterseits blaugrün.
**Blüte:** hellgelb, einzeln oder 2–6 in blattachselständigen, doldenartigen Wickeln. Kantige, aufrechtstehende Fruchtkapseln.
**Blütezeit:** Juni – Oktober.
**Wuchshöhe:** 10–30 cm.
**Lebensweise:** ausdauernd, bildet im Herbst beblätterte oberirdische und knollige unterirdische Ausläufer. Die Samen werden durch Ausschleudern verbreitet, auf weitere Entfernungen durch Menschen und Tiere.
**Standort, Boden:** Halbschatten, auf stickstoffreichen, kalkarmen, humosen, feuchten Lehmböden, auch auf sandigen Lehmböden.
**Allgemeines:** gelegentlich häufig, in gepflegten Gärten verhältnismäßig selten.
**Maßnahmen:** wird bei der allgemeinen Gartenbearbeitung meist weitgehend mitbeseitigt.

**Abbildungen:** Frühjahrsaustrieb, blühende Pflanze.

# Kriechendes Fingerkraut

Fünffingerkraut, Martinshand, Schlangenkraut     *Potentilla reptans*

**Pflanze:** Stengel niederliegend, kriechend. Blätter langgestielt, gefingert, meist 5teilig, selten 3- oder 7teilig. Teilblättchen keilförmig, gesägt, an der Unterseite behaart.
**Keimpflanze:** Keimblätter gestielt, rundlich, die ersten Laubblätter sind rundlich, gelappt.
**Blüte:** goldgelb, gestielt, einzeln in den Blattachseln stehend. 5 Blumenblätter.
**Blütezeit:** Mai – August.
**Wuchshöhe/-länge:** 30–60 cm.
**Lebensweise:** ausdauernd, mit kurzem, dickem Wurzelstock. Oberirdische Ausläufer an den Knoten wurzelnd. Keimzeit meist im Frühjahr. Die Samen werden durch Regenwasser und Tiere (vor allem durch Ameisen) verbreitet.
**Standort, Boden:** sonnig, auf stickstoffhaltigen, nährstoffreichen, feuchten Lehm- und Sandböden.
**Allgemeines:** breitet sich vor allem durch die Ausläufer häufig stark aus.
**Maßnahmen:** Pflanzen mit Wurzeln und Ausläufern sorgfältig entfernen.

**Abbildung:** Pflanzen mit Ausläufern.

## Scharfer Hahnenfuß

Butterblume, Rabenfuß, Brennkraut                    *Ranunculus acris*

**Pflanze:** Stengel aufrecht und verzweigt. Untere Blätter in einer grundstän-
digen Rosette, langgestielt, handförmig. Die 5–7 Lappen nochmals gespal-
ten oder langgezähnt. Stengelblätter kürzer gestielt, oben sitzend, weniger
geteilt, schmalzipfelig. Die Pflanze ist anliegend behaart oder kahl.
**Keimpflanze:** Keimblätter eiförmig, kurzgestielt, erste Laubblätter hand-
förmig.
**Blüte:** goldgelb, in gabelig verzweigten Blütenständen. 5 Blumenblätter,
Kelch ausgebreitet. Blütenstiele rund, weich behaart.
**Blütezeit:** Mai – September.
**Wuchshöhe:** 20–100 cm.
**Lebensweise:** ausdauernd. Die Pflanze bildet jedes Jahr neue Stengel-
sprosse am Wurzelstock und keimt meist im Frühjahr. Verbreitung der
Samen durch Menschen und Tiere.
**Standort, Boden:** Sonne bis Halbschatten, auf stickstoffhaltigen, feuchten,
humosen Böden.
**Allgemeines:** auch in Gärten häufiges Unkraut, breitet sich vor allem im
Rasen und auf Staudenbeeten aus. Die grünen Teile der Pflanze sind giftig.
**Maßnahmen:** Beseitigung durch Ausstechen oder Ausgraben.

**Abbildungen:** Frühjahrsaustrieb, blühende Pflanze.

# Sauerampfer

Großer Ampfer, Wiesensauerampfer, Sauerstengel          *Rumex acetosa*

**Pflanze:** Stengel aufrecht, gerippt, unten meist rot angelaufen. Obere Blätter lanzettlich, sitzend, stengelumfassend. Grundblätter groß und dicklich, stumpf eiförmig, langgestielt. Alle Blätter sind am Grunde pfeilförmig, schmecken säuerlich.
**Keimpflanze:** Keimblätter gestielt, oval. Die ersten Laubblätter sind oval, spitz zulaufend.
**Blüte:** zweihäusig, schlanke Blütenrispen, rötlich überlaufen.
**Blütezeit:** Mai – Juli.
**Wuchshöhe:** 30 – 100 cm.
**Lebensweise:** ausdauernd, keimt meist im Frühjahr. Pflanze mit ästigem, langfaserigem Wurzelstock. Samenverbreitung durch Regenwasser und Wind, auch durch den Menschen.
**Standort, Boden:** halbschattig bis sonnig, auf nährstoffreichen, feuchten, humosen bis lehmigen Böden.
**Allgemeines:** häufig, tritt gelegentlich in Massen auf. Er wird wegen des hohen Gehaltes an Vitamin C gegessen, größere Mengen sind allerdings wegen der in der Pflanze enthaltenen Oxalsäure schädlich.
**Maßnahmen:** jäten, ausgraben, im Rasen tief genug ausstechen.

**Abbildungen:** Keimpflanzen, Frühjahrsaustrieb, Blütenstand.

# Kleiner Ampfer

Kleiner Sauerampfer, Schafampfer, Bitterling          *Rumex acetosella*

**Pflanze:** Stengel aufrecht, einfach oder verzweigt, oft rötlich überlaufen. Blätter lanzettlich oder linealisch, mit waagerecht abstehenden Spießchen am Blattstiel. Langgestielte Rosettenblätter, schmecken bitter.
**Keimpflanze:** Keimblätter lanzettlich. Die ersten Laubblätter sind löffelförmig, allmählich in den Stiel übergehend, nächste Blätter spießförmig. Stengel und Blattunterseite rötlich überlaufen.
**Blütezeit:** Mai – August.
**Wuchshöhe:** 10–30 cm.
**Lebensweise:** ausdauernd, keimt meist im Frühjahr. Die Pfahlwurzel verzweigt sich und bildet zahlreiche, lange, unter der Erdoberfläche kriechende Ausläufer. Samenverbreitung hauptsächlich durch Menschen, Tiere und Wind.
**Standort, Boden:** sonnig, auf sauren, kalk- und nährstoffarmen Sand- und Lehmböden.
**Allgemeines:** häufig, zeigt Magerkeit und Versauerung des Bodens an. Pionierpflanze.
**Maßnahmen:** jäten und hacken.

**Abbildungen:** Rosettenblätter, blühende Pflanzen.

## Gemeiner Rainfarn
*Chrysanthemum vulgare*

Wurmkraut, Kropfkraut, Gelber Dorant, Hemdenknöpfchen

**Pflanze:** Stengel nur oben verzweigt, aufrecht, kantig, hohl. Blätter doppelt fiederteilig, mit lanzettlichen, gesägten Zipfeln, wechselständig.

**Keimpflanze:** Keimblätter klein, oval. Die ersten Laubblätter sind oval, gelappt.

**Blüte:** halbkugelige, goldgelbe Blütenköpfchen, nur Röhrenblüten, selten Randblüten mit ganz kurzer Zunge. Doldentraube.

**Blütezeit:** Juli – Oktober.

**Wuchshöhe:** 30 – 130 cm.

**Lebensweise:** ausdauernd, keimt im Frühjahr. Die Pflanze hat einen starken Wurzelstock mit kräftigen Faserwurzeln und treibt Ausläufer. Samenverbreitung durch Regenwasser, Tiere und Menschen.

**Standort, Boden:** sonnig, kommt auf allen Böden vor.

**Allgemeines:** häufig. Gilt als Heilpflanze, schwach giftig. In verwilderten Gärten breitet sich die Pflanze häufig sehr stark aus, in gepflegten Gärten kommt sie dagegen kaum vor.

**Maßnahmen:** Die Pflanze mit allen Ausläufern und Wurzelteilen ausgraben.

**Abbildungen:** Keimpflanzen, blühende Pflanze.

## Gemeiner Löwenzahn

Gemeine Kuhblume, Pusteblume, Maiblume          *Taraxacum officinale*

**Pflanze:** Der blattlose Stengel ist hohl, stark milchführend. Blätter in einer Rosette am Boden stehend, länglich, schrotsägeartig gezähnt.
**Keimpflanze:** Keimblätter dem Boden aufliegend, rundlich-oval, kurz-gestielt. Die ersten Laubblätter sind verkehrt eiförmig.
**Blüte:** große, einzelne, dottergelbe Blütenkörbchen, nur Zungenblüten, Frucht mit Haarkrone.
**Blütezeit:** April – Juni.
**Wuchshöhe:** 10 – 50 cm.
**Lebensweise:** ausdauernd, keimt im Frühjahr. Die Früchte werden vor allem durch den Wind verbreitet.
**Standort, Boden:** sonnig, wächst auf fast allen Böden. Er bevorzugt tief-gründige, nährstoffreiche Lehmböden.
**Allgemeines:** sehr häufig. Die große Blattrosette beansprucht viel Platz und verdrängt dadurch andere Pflanzen. Die Pflanze produziert viele Flugfrüchte (Pusteblume), die ungewöhnlich fruchtbar sind. Sie führen oft zu einer starken Verunkrautung im Garten.
**Maßnahmen:** möglichst die noch jungen Pflanzen mit der ganzen Wurzel ausstechen. Alte Pflanzen, die eine tiefgehende Pfahlwurzel haben, müssen sehr tief ausgestochen werden. Die Beseitigung ist schwierig, da immer neue Früchte anfliegen.

**Abbildungen:** Keimpflanze, blühende Pflanzen, Fruchtstände.

## Gemeiner Huflattich
Brustlattich, Kuhfladen, Hufblatt                                    *Tussilago farfara*

**Pflanze:** Blätter erscheinen nach der Blüte. Sie sind grundständig, gestielt, eckig-herzförmig, ungleich gezähnt, auf der Unterseite weißfilzig, etwa handgroß.

**Keimpflanze:** Keimblätter linealisch. Die ersten Laubblätter sind oval mit stumpfer Spitze, später mit herzförmigem Grund, unterseits dicht weißfilzig, meist auch oberseits behaart.

**Blüte:** erscheint im zeitigen Frühjahr vor den Blättern. Einzeln auf einem mit rot- bis schwarzbraunen Schuppen besetzten Stiel. Blütenköpfe goldgelb, mit röhrenförmigen Scheibenblüten und zungenförmigen Randblüten.

**Blütezeit:** März – April.

**Wuchshöhe:** 10–25 cm.

**Lebensweise:** ausdauernd. Die tiefgehenden Wurzeln treiben Ausläufer. Keimzeit ist vom Frühjahr bis zum Sommer. Die Früchte werden durch Wind, Regenwasser und den Menschen verbreitet.

**Standort, Boden:** sonnig bis halbschattig, auf schweren, feuchten Lehm- und Tonböden, aber auch auf steinigem Untergrund.

**Allgemeines:** in Gärten als Pionierpflanze auf rohen Böden, kommt oft nestartig vor und raubt anderen Pflanzen durch seine großen Blätter den Platz. Heilpflanze.

**Maßnahmen:** schwierig zu beseitigen, da die starken Wurzelsysteme vollständig ausgegraben werden müssen.

**Abbildungen:** blühende Frühjahrstriebe, Blätter.

# Kriechender Günsel

Blauer Kuckuck, Gichtkraut, Grundheil, Schäfchenblume     *Ajuga reptans*

**Pflanze:** Stengel kriechend bis aufsteigend, vierkantig, oft an 2 Seiten behaart. Blätter schwach gekerbt, spatelförmig, gestielt. Grundblätter bilden eine Rosette, Hochblätter ungeteilt. Pflanze enthält Gerbstoffe.
**Keimpflanze:** Keimblätter rundlich, gestielt. Die ersten Laubblätter sind länglich-eiförmig.
**Blüte:** blau mit weißlichen Streifen. Oberlippe kaum vorhanden, Unterlippe dreilappig. In den Achseln der oberen Blätter 6–12 Blüten in Scheinquirlen, am Stengelende ährenähnlicher Blütenstand.
**Blütezeit:** Mai – Juni.
**Wuchshöhe:** 15–30 cm.
**Lebensweise:** ausdauernd. Keimung meist im Frühjahr. Die Pflanze hat oberirdische, beblätterte Ausläufer, an denen sich Wurzeln bilden. Vermehrung und Verbreitung auch durch Samen.
**Standort, Boden:** sonnig bis halbschattig, besonders in Staudenbeeten und Rasen. Auf nährstoffreichen, etwas feuchten Böden.
**Allgemeines:** sehr häufig, bei starkem Auftreten flächendeckendes Unkraut.
**Maßnahmen:** Einzelpflanzen jäten, im Rasen Herbizidanwendung.

**Abbildungen:** Frühjahrstrieb mit Ausläufern, blühende Pflanze.

# Gänseblümchen

*Bellis perennis*

Tausendschönchen, Maßliebchen, Marienblume, Sonnentürchen, Zeitlose

**Pflanze:** Blütenstiel blattlos, mit einem Köpfchen. Blätter verkehrt eiförmig bis spatelig, gestielt, meist am Rand gekerbt, grundständige Rosette bildend.
**Keimpflanze:** Keimblätter verkehrt eiförmig, gestielt. Die ersten Laubblätter sind verkehrt eiförmig, spätere zunehmend spatelförmig, lang.
**Blüte:** in einzelnen Körbchen. Scheibenblüten gelb, Zungenblüten weiß bis rötlich oder mit rötlichen Spitzen. Hüllkelch halbkugelig.
**Blütezeit:** Februar – November, bisweilen ganzjährig.
**Wuchshöhe:** bis 10 cm.
**Lebensweise:** ausdauernd, mit kriechendem Wurzelstock, keimt fast das ganze Jahr über. Blütenkörbchen schließt sich nachts und bei feuchter Witterung, dreht sich oft zur Sonne.
**Standort, Boden:** sonnig, auf nicht zu trockenen, nährstoffreichen Böden.
**Allgemeines:** sehr häufig. Es handelt sich um ein trittfestes Unkraut im Rasen, das durch seine Blattrosetten die Graspflanzen stark verdrängt.
**Maßnahmen:** im Rasen Herbizidanwendung, auf Beeten jäten.

**Abbildungen:** Blattrosette vor der Blüte, blühende Pflanzen.

100

# Wiesenschaumkraut

*Cardamine pratensis*

Himmelfahrtsblume, Pfingstblume, Käse- oder Quarkblume

**Pflanze:** Stengel hohl, rund, meist aufrecht. Grundblätter langgestielt, unpaarig gefiedert. Teilblättchen rundlich, Endblättchen oft größer, Rosette bildend. Stengelblätter fiederschnittig, fast linealisch, ganzrandig.
**Keimpflanze:** ähnlich der des Rauhhaarigen Schaumkrautes.
**Blüte:** weiß, rosa oder violett, je nach Standort; groß, in Trauben.
**Blütezeit:** April – Juni.
**Wuchshöhe:** 15 – 50 cm.
**Lebensweise:** ausdauernd, mit kriechendem Wurzelstock. Am Stengel sind oft Schaumhäufchen von den Larven der Wiesenschaumzikade. Verbreitung und Vermehrung durch Samen und Brutknospen.
**Standort, Boden:** sonnig, auf lehmigen, nährstoffreichen, von Grundwasser durchzogenen Böden.
**Allgemeines:** kommt auf feuchten Wiesen bzw. Rasen häufig in Massen vor, deutet auf Staunässe durch Bodenverdichtung hin.
**Maßnahmen:** Bodenlockerung, bei der Rasenanlage auf lehmigem oder tonigem Boden Bau einer Dränage.

**Abbildungen:** Frühjahrstriebe, blühende Pflanze.

## Herbstlöwenzahn

Hasenlattich, Bittere Blume, Kaffeeblume          *Leontodon autumnalis*

**Pflanze:** Stengel aufrecht, ästig, blattlos, gefurcht. Blätter stehen in einer Rosette, lang, schmal, fiederteilig. Die Pflanze enthält Milchsaft.

**Blüte:** gelbe Zungenblüten in großen Körbchen, die einzeln am Stengel stehen. Frucht mit Haarkrone.

**Blütezeit:** Juli – Oktober.

**Wuchshöhe:** 15–50 cm.

**Lebensweise:** ausdauernd. Verbreitung der Samen hauptsächlich durch den Wind.

**Standort, Boden:** sonnig, auf sandigen, stickstoffreichen Lehmböden.

**Allgemeines:** häufig. Die Pflanze ähnelt stark dem Rauhen Löwenzahn (Leontodon hispidus) und ist leicht mit diesem zu verwechseln, beide wachsen vor allem im Rasen.

**Maßnahmen:** geht beim Rasenmähen zurück, bei Massenentwicklung Herbizidanwendung.

**Abbildung:** blühende Pflanze.

## Feldhainsimse

Hasenbrot, Feldmarbel　　　　　　　　　*Luzula campestris*

**Pflanze:** grasartig. Die Blätter sind dunkelgrün, etwas ledrig glänzend, zuweilen bräunlich überlaufen, behaart, 0,5−4 mm breit.
**Blüte:** Halm aufrecht. 3−6 kugelig-eiförmige Ährchen an fast gleich langen Stielen, das mittlere oft sitzend, braun bis schwärzlich, mit herausragenden gelben Staubbeuteln. Aufrechte Dolde, später oft hängend.
**Blütezeit:** März − April
**Wuchshöhe:** 4−20 cm.
**Lebensweise:** ausdauernd, bildet oft kurze Ausläufer.
**Standort, Boden:** auf kalkarmen, trockenen oder schwach feuchten, sauren Böden.
**Allgemeines:** häufig. Die Pflanze zeigt Magerkeit des Bodens an, wächst im Rasen und hat während der Blütezeit eine zierende Wirkung.
**Maßnahmen:** Der Rasen muß gedüngt werden, dann verschwindet die Feldhainsimse.

**Abbildung:** blühende Pflanzen.

## Spitzwegerich

Lanzettlicher Wegerich, Aderblatt, Rippenkraut       *Plantago lanceolata*

**Pflanze:** Blütenstengel aufrecht, gefurcht. Blätter gestielt, lanzettlich, bis zu 15 cm lang, zum Teil aufrecht, mit 3−7 deutlichen Blattnerven, in einer Rosette stehend.

**Keimpflanze:** Keimblätter lanzettlich, lang, mit einer Rinne auf der Oberseite. Die ersten Laubblätter sind breiter lanzettlich mit parallelen Nerven, schwach behaart.

**Blüte:** unscheinbar, in einer kugeligen oder walzlichen Ähre stehend. Die lang heraushängenden Staubfäden sind weiß.

**Blütezeit:** Mai − September.

**Wuchshöhe:** 10−60 cm.

**Lebensweise:** ausdauernd, keimt meist im Frühjahr. Die Samen werden durch Wind und Regenwasser sowie durch Menschen und Tiere verbreitet.

**Standort, Boden:** Sonne bis Halbschatten, auf frischen bis trockenen, nährstoffreichen, sandigen und lehmigen Böden.

**Allgemeines:** häufig, wächst auf Wegen und an Wegrändern, auf Wiesen und Rasen.

**Maßnahmen:** Die Pflanze wird durch Rasenmähen kaum verdrängt, da die Blütenstengel nicht von den Messern erfaßt werden. Sie biegen sich nur um und richten sich wieder auf. Bei Massenentwicklung im Rasen Herbizidanwendung, sonst jäten und ausstechen.

**Abbildungen:** Keimpflanzen, blühende Pflanze.

# Breitwegerich

Großer Wegerich, Fünfaderblatt, Wegeblatt, Wegetritt        *Plantago major*

**Pflanze:** Blütenstengel aufrecht, rund. Blätter langgestielt, breitoval, 5- bis 7nervig, ganzrandig, selten schwach gezähnt, in einer Rosette dem Boden aufliegend.
**Keimpflanze:** Keimblätter keulen- bis eiförmig, kurzgestielt.
**Blüte:** unscheinbar, in einer dichten, langen Ähre. Staubblätter gelbweiß, Staubbeutel hellviolett.
**Blütezeit:** Juni – Oktober.
**Wuchshöhe:** 10–30 cm.
**Lebensweise:** ausdauernd, Keimung im Herbst oder Frühjahr. Die Samen sind feucht etwas klebrig, bleiben an Schuhen oder Füßen von Tieren hängen und werden so verbreitet.
**Standort, Boden:** Sonne bis Halbschatten, auf nähr- und stickstoffreichen, dichten, sandigen oder lehmigen Böden.
**Allgemeines:** sehr häufig, gehört wie der Weidewegerich zur Tretvegetation.
**Maßnahmen:** Blattrosetten mit Wurzeln entfernen (ausstechen), im Rasen eventuell Herbizidanwendung.

**Abbildungen:** Keimpflanzen, blühende Pflanze.

## Einjähriges Rispengras
Teppgras, Spitzgras, Brinkgras, Saugras                    *Poa annua*

**Pflanze:** büschelig, horstbildend, keine Ausläufer oder Wurzelstöcke. Halm glatt, aufstrebend, verzweigt, oft an den unteren Knoten wurzelnd. Blätter 2–5 mm breit, frischgrün, oft quer runzelig, mit kahnförmiger Spitze, jüngstes Blatt gefaltet.
**Keimpflanze:** ein zartes Keimblatt.
**Blüte:** locker ausgebreitete Rispe, meist etwas einseitswendig, mit waagerechten oder herabschlagenden Ästchen. Ährchen 4- bis mehrblütig.
**Blütezeit:** fast ganzjährig.
**Wuchshöhe:** 5–25 cm.
**Lebensweise:** ein- bis zweijährig. Keimzeit im Frühjahr und Herbst, sät sich immer wieder selbst aus und ist dadurch scheinbar ausdauernd. Samenverbreitung durch Wind, Regenwasser und Tiere.
**Standort, Boden:** sonnig bis halbschattig, auf stickstoffhaltigen, schwach feuchten bis feuchten, durch Tritt verdichteten Böden.
**Allgemeines:** sehr häufig, kommt praktisch überall im Garten vor: auf Beeten als Einzelpflanze, auf Wegen und Tretrasen oft in Massen. Kulturbegleiter.
**Maßnahmen:** jäten oder hacken; wächst aus nicht entfernten Pflanzenresten nach.

**Abbildung:** Pflanze kurz vor der Blüte.

## Weidewegerich

Mittlerer Wegerich, Schafzunge, Hasenohr          *Plantago media*

**Pflanze:** Blütenstengel aufrecht, rund, glatt. Blätter breit elliptisch mit Spitze, bogige Längsnerven, ganzrandig, meist filzig behaart, in einer dichten, grundständigen Rosette wachsend.

**Keimpflanze:** Keimblätter oval, am Ende abgerundet, mit sehr kurzem Stiel. Erste Laubblätter in lockerer Rosette, breitlanzettlich bis eiförmig, mit parallelen Nerven.

**Blüte:** unscheinbar, weiß, in einer kurzen, dichten Ähre. Die langen Staubfäden sind rötlich bis violett.

**Blütezeit:** Mai – September.

**Wuchshöhe:** 15–30 cm.

**Lebensweise:** ausdauernd, Keimung meist im Frühjahr. Verbreitung der Samen durch Wind und Regenwasser sowie Verschleppung durch Tier und Mensch.

**Standort, Boden:** sonnig, besonders auf kalkhaltigen, nährstoffreichen, lockeren Lehmböden.

**Allgemeines:** sehr häufig, gehört zur Tretvegetation, vermehrt sich stark auf begangenen Rasen und Wegen. Er verdrängt die Gräser durch die breite Blattrosette.

**Maßnahmen:** Pflanzen ausstechen, bei Massenauftreten im Rasen Herbizidanwendung.

**Abbildungen:** Blattrosette, blühende Pflanze.

## Vogelknöterich

Wegetreter, Wegkraut, Unvertritt, Tannengras      *Polygonum aviculare*

**Pflanze:** Stengel niederliegend, kriechend bis aufsteigend, reicht verzweigt, bis zur Spitze beblättert. Blätter sitzend oder kaum gestielt, elliptisch bis lanzettlich, Nebenblattscheide röhrig, zerschlitzt.

**Keimpflanze:** Keimblätter sehr lang und schmal. Erste Laubblätter dicht zusammenstehend, elliptisch-lanzettlich, die häutige Blattscheide ist deutlich zu sehen.

**Blüte:** grünlichweiß bis rosa, klein, einzeln oder zu mehreren in den Blattachseln stehend.

**Blütezeit:** Juni – Oktober.

**Wuchshöhe/-länge:** 10–50 cm.

**Lebensweise:** einjährig, je nach Standort unterschiedlich im Aussehen. Keimung im Frühjahr. Die Samen werden über weite Strecken von Menschen und Regenwasser verschleppt.

**Standort, Boden:** Sonne bis Halbschatten. Die Pflanze ist frostempfindlich, wächst auf allen Böden, besonders gut auf stickstoffhaltigen, humosen Lehm- und Sandböden.

**Allgemeines:** sehr häufig. Die Pflanze ist sehr anspruchslos und wächst überall, z. B. auch auf gepflasterten Wegen und unfruchtbaren Böden. Bildet oft dichte Polster.

**Maßnahmen:** jäten oder hacken.

**Abbildung:** blühendes Kraut.

## Gänsefingerkraut

Echtes Gänsekraut, Silberblatt, Katzenpfote     *Potentilla anserina*

**Pflanze:** Stengel kriechend bis aufsteigend, seidenhaarig. Blätter unpaarig gefiedert, mit 7–21 Teilblättchen. Diese sind tief gesägt und werden zum Blattgrund hin kleiner, unterseits silbrig seidenhaarig.

**Keimpflanze:** Keimblätter oval, gestielt. Erste Laubblätter ungeteilt oder dreigeteilt, tief eingeschnitten.

**Blüte:** goldgelb, mit 5 Blumenblättern, einzeln am Ende der Blütenstiele, nachts und bei Regen geschlossen.

**Blütezeit:** Mai – August.

**Wuchshöhe/-länge:** 15–50 cm.

**Lebensweise:** ausdauernd, wandernd, mit dickem, ästigem Wurzelstock und oberirdischen Ausläufern, die sich an den Knoten bewurzeln. Keimzeit meist im Frühjahr, Verbreitung der Samen durch Regenwasser und Tiere (vor allem Ameisen).

**Standort, Boden:** sonnig, auf nährstoffreichen, feuchten, verdichteten Böden, auch salzverträglich.

**Allgemeines:** häufig, wächst an Wegrändern und zwischen Kies, mit dem Wege aufgeschüttet sind.

**Maßnahmen:** Beseitigung der Pflanze mit Ausläufern und Wurzelstock.

**Abbildungen:** Frühjahrsaustriebe, blühende Pflanze.

# Kleine Braunelle

Gemeine Braunelle, Braunheil, Halswehkraut *Prunella vulgaris*

**Pflanze:** Stengel einfach oder verzweigt, vierkantig. Blätter eiförmig bis lanzettlich, kreuzgegenständig.
**Keimpflanze:** Keimblätter halbrund, am Grunde gerade.
**Blüte:** blauviolett, die Oberlippe ist flach helmförmig. Die Blüte fällt nach dem Verwelken ab, in mehrblütigen Scheinquirlen am Stengelende.
**Blütezeit:** Mai — Oktober.
**Wuchshöhe:** 10—30 cm.
**Lebensweise:** ausdauernd. Die Pflanze bildet oberirdisch kriechende Ausläufer. Keimung meist im Frühjahr. Die Samen werden durch Regenwasser, die Pflanze selbst, durch Tiere und Menschen verbreitet.
**Standort, Boden:** Sonne bis Halbschatten, auf feuchten, nähr- und stickstoffhaltigen Lehmböden.
**Allgemeines:** häufig, wächst vor allem auf feuchten Rasen, gelegentlich massenhaft.
**Maßnahmen:** wird bei gut wachsendem (gedüngtem) Rasen erstickt.

**Abbildungen:** Frühjahrsaustriebe, blühende Pflanze.

## Kriechender Hahnenfuß

Goldknöpfchen, Gelbes Sandröschen, Krähenfuß          *Ranunculus repens*

**Pflanze:** Stengel der oberirdischen Ausläufer am Boden liegend, Blüten-stengel aufrecht, verzweigt, längs gefurcht. Grundblätter langgestielt, drei-teilig. Teilblättchen tief eingeschnitten, gestielt, aus den Blattachseln treiben Ausläufer. Stengelblätter fast sitzend, zum Teil schmal, lanzettlich.
**Keimpflanze:** Keimblätter rundlich-oval, gestielt. Erste Laubblätter drei-geteilt, später mehrfach gelappt, fein behaart.
**Blüte:** goldgelb, 5 Blumenblätter, einzeln am Stengelende. Kelchblätter aus-gebreitet.
**Blütezeit:** Mai – August.
**Wuchshöhe/-länge:** 15–50 cm.
**Lebensweise:** ausdauernd. Die kriechenden Ausläufer bewurzeln sich an den Knoten. Die Pflanze breitet sich schnell aus. Keimung meist im Frühjahr. Die Samen werden durch Regenwasser, Tiere und Menschen verbreitet.
**Standort, Boden:** halbschattig, auf nährstoffreichen, schweren, stau- und sickerfeuchten Lehm- und Tonböden.
**Allgemeines:** häufig. Die Pflanze überwuchert schnell freie Stellen.
**Maßnahmen:** Pflanze ausstechen und die Ausläufer beseitigen.

**Abbildung:** blühende, kriechend wachsende Triebe.

## Sparriges Kranzmoos

*Rhytidiadelphus squarrosus*

**Pflanze:** Stengel aufrecht, fast unverzweigt, schlank, hellgrün bis gelbgrün. Blätter spiralig angeordnet, abstehend, eiförmig, in eine lange Spitze verschmälert, die zurückgekrümmt ist, nicht gefaltet.

**Sporenkapsel:** mit langem Stiel, aus den seitlichen Kurztrieben entspringend.

**Sporenreife:** im Frühjahr.

**Lebensweise:** ausdauernd. Verbreitung durch ausgestreute Sporen und abgerissene Pflanzenteile.

**Standort, Boden:** auf nährstoffarmen, meist sauren und feuchten Böden.

**Allgemeines:** sehr häufig, führt zum Vermoosen von ungepflegtem Rasen.

**Maßnahmen:** durch regelmäßiges Düngen des Rasens und nicht zu kurzen Schnitt verschwindet das Moos weitgehend, Ausharken ist nutzlos. Dadurch wird das Moos zu vermehrtem Wachstum und zu weiterer Ausbreitung angeregt. Chemische Bekämpfung mit Eisensulfatlösung.

**Abbildungen:** Moos im Rasen, Moospflanze.

## Weißklee

Kriechender Wiesenklee, Honigklee, Lämmerklee          *Trifolium repens*

**Pflanze:** Stengel niederliegend, an den Knoten bilden sich Wurzeln, die Spitzen steigen auf. Blätter gestielt, dreizählig. Teilblättchen verkehrt eiförmig, an der Spitze oft herzförmig ausgerandet, junge Blätter im zeitigen Frühjahr rot überlaufen.

**Keimpflanze:** Keimblätter linealisch, kurzgestielt. Erstes Laubblatt halbrund, folgende dreizählig.

**Blüte:** weiß, in kugeligen Köpfchen, gestielt, duftend.

**Blütezeit:** Mai – September.

**Wuchshöhe:** 5–30 cm.

**Lebensweise:** ausdauernd. Die Pflanze hat eine starke Pfahlwurzel und einen verzweigten Wurzelstock, außerdem oberirdische Ausläufer, keimt meist im Herbst. Die Samen werden durch Wind, Tiere und Menschen verbreitet.

**Standort, Boden:** sonnig, auf mäßig trockenen bis frischen, stickstoffhaltigen Böden.

**Allgemeines:** sehr häufig. Der Weißklee ist trittfest und verjüngt sich schnell. Er breitet sich auf Zierrasen weit aus. Wegen der Bienen, die die Blüten besuchen, ist er auf Spielrasen nicht erwünscht.

**Maßnahmen:** im Rasen Herbizidanwendung, sonst Pflanzen ausstechen und Wurzeln und Ausläufer beseitigen.

**Abbildungen:** Frühjahrsaustriebe, blühende Pflanze.

## Zaungiersch

*Aegopodium podagraria*

Geißfuß, Erdholder, Podagrakraut, Zipperleinskraut

**Pflanze:** Stengel aufrecht, kantig, gefurcht, hohl, verzweigt. Blätter hellgrün, unterseits dunkler, doppelt dreizählig gefiedert. Teilblättchen breitlanzettlich, scharf gesägt.

**Keimpflanze:** Keimblätter lanzettlich. Die ersten Laubblätter sind langgestielt, einfach dreizählig, gezähnt. Die beiden Seitenblätter sind eingeschnitten.

**Blüte:** weiß, klein, zusammengesetzte Dolde mit 12–18 Strahlen.

**Blütezeit:** Mai – August.

**Wuchshöhe:** 30–100 cm.

**Lebensweise:** ausdauernd, mit bis zu 50 cm langen, unterirdischen Ausläufern. Keimt meist im Frühjahr. Die Samen werden durch Wind, Regenwasser, Menschen und die Pflanze selbst verbreitet.

**Standort, Boden:** Halbschatten, auf nährstoffreichen, feuchten Böden.

**Allgemeines:** sehr häufig, an den Ausläufern wachsen viele Grundblätter, die oft große Flächen, besonders unter Büschen, bedecken. Sie nehmen den Kulturpflanzen den Platz weg.

**Maßnahmen:** sehr schwierig zu beseitigen; die Pflanze muß mit den langen Ausläufern ausgegraben werden. Aushungern durch regelmäßiges Entfernen der grünen Triebe.

**Abbildungen:** Frühjahrsaustriebe, blühende Pflanze.

# Gemeines Lauchkraut

Knoblauchsrauke, Waldknoblauch, Hasenkohl          *Alliaria petiolata*

**Pflanze:** Stengel aufrecht. Blätter wechselständig, untere langgestielt, nieren- bis herzförmig, grob gekerbt, obere herz-eiförmig, buchtig gezähnt. Pflanze riecht beim Zerreiben stark nach Knoblauch.
**Keimpflanze:** Keimblätter zungenförmig. Erste Laubblätter länglicher und mehr zugespitzt als die späteren.
**Blüte:** weiß, doldenartige Blütentraube.
**Blütezeit:** Mai – Juni.
**Wuchshöhe:** 20–100 cm.
**Lebensweise:** ein- bis zweijährig, Keimung im zeitigen Frühjahr. Samenverbreitung durch die Pflanze selbst und durch Regenwasser.
**Standort, Boden:** Schatten, braucht Luftfeuchtigkeit, auf feuchten, lockeren, nährstoffreichen Böden.
**Allgemeines:** häufig. Schattenpflanze, die im Bereich von Hecken bisweilen in größeren Mengen vorkommt. Konkurrent für schattenliebende Blumen.
**Maßnahmen:** jäten.

**Abbildungen:** Keimpflanzen, zweijähriger Austrieb, blühende Pflanze.

## Gemeine Quecke
Kriechende Quecke, Schnurgras, Schnürsenkel, Pede   *Agropyron repens*

**Pflanze:** Halm aufrecht, meist kahl. Blattscheiden kahl und glatt. Blätter bis 20 cm lang, ungefähr 5 mm breit, grün oder graugrün, manchmal bereift, oft behaart, mit krallenartigen Blattöhrchen.

**Keimpflanze:** klein, Blatt vom Rand her leicht eingerollt.

**Blüte:** aufrechte, dichte Ähre. Ährchen zweizeilig gestellt, breitseits ansitzend, 4- bis 8blütig, blaßgrün oder blaugrün.

**Blütezeit:** Juni – Juli.

**Wuchshöhe:** 20 – 120 cm.

**Lebensweise:** ausdauernd, Keimung im Frühjahr. Licht- und Wärmekeimer, bildet weiße Wurzelausläufer, die weithin kriechen und zur Vermehrung beitragen. Verbreitung durch Aussamen.

**Standort, Boden:** Lichtpflanze, an Wegen, Hecken und Mauern. Auf fast allen Böden, besonders auf stickstoff- und nährstoffreichen dichten Böden.

**Allgemeines:** sehr häufig, formenreiches, zähes, kaum ausrottbares Unkraut.

**Maßnahmen:** beschatten (Mulchen), ausgraben und Wurzelausläufer möglichst vollständig entfernen, auf ungenutzten Flächen systemisch wirkende Herbizide anwenden.

**Abbildungen:** Grundblätter mit freigelegtem Wurzelausläufer, Pflanzen mit jungem Blütenstand.

## Strahlenlose Kamille

Grüne Kamille, Krötenblume, Zigeunerkraut          *Chamomilla suaveoleus*

**Pflanze:** Stengel gedrungen, niederliegend bis aufrecht, sparrig verzweigt, dicht beblättert. Blätter doppelt bis dreifach gefiedert, mit feinen, schmalen Zipfeln. Die Pflanze duftet stark aromatisch.

**Keimpflanze:** Keimblätter rundlich bis eiförmig, zugespitzt. Erste Laubblätter einfach gefiedert, Endfieder kurz.

**Blüte:** gelbgrün, kurzgestielte Köpfchen einzeln oder zu wenigen am Ende der Triebe. Blütenboden aufgewölbt und hohl, in der Regel nur mit Scheibenblüten besetzt.

**Blütezeit:** Juni – August.

**Wuchshöhe:** 5–40 cm.

**Lebensweise:** einjährig, Keimung im Frühjahr. Verbreitung der Früchte durch den Wind. Sie werden auch von Menschen und Tieren verschleppt.

**Standort, Boden:** sonnig, auf offenen, nährstoffreichen, auch verdichteten Lehm- und Sandböden.

**Allgemeines:** sehr häufig, wird gelegentlich zum lästigen Gartenunkraut.

**Maßnahmen:** frühzeitiges Jäten vor der Fruchtentwicklung.

**Abbildung:** blühende Pflanzen.

## Großes Schöllkraut
*Chelidonium majus*

Schellkraut, Krätzenkraut, Warzenkraut, Wundkraut

**Pflanze:** Stengel aufrecht, verzweigt, kahl oder behaart. Blätter unterseits blaugrün und behaart, fiederteilig, buchtig gekerbt.

**Keimpflanze:** Keimblätter klein, eiförmig. Die ersten Laubblätter sind ungefiedert, rundlich, buchtig gekerbt.

**Blüte:** groß, gelb, blattachselständig, einzeln oder in Dolden.

**Blütezeit:** April – Oktober.

**Wuchshöhe:** 30 – 100 cm.

**Lebensweise:** ausdauernd, Keimung im Frühjahr. Verbreitung der Samen durch Menschen und Tiere (besonders durch Ameisen).

**Standort, Boden:** halbschattig bis schattig, auf stickstoffreichen, nährstoffreichen Böden.

**Allgemeines:** häufig, Kulturbegleiter. Kommt an Hecken und Mauern vor. Das Große Schöllkraut wurde früher als Heilpflanze benutzt. Es enthält orangegelben Milchsaft. Giftig.

**Maßnahmen:** Wenn sich die Pflanze so ausbreitet, daß sie stört, ist sie durch Jäten leicht zu beseitigen.

**Abbildungen:** Keimpflanzen, mehrjähriger Austrieb, blühende Pflanze.

# Kanadischer Katzenschweif

*Conyza canadensis*

Kanadisches Berufskraut, Kanadisches Beschreikraut

**Pflanze:** Stengel aufrecht, im Blütenbereich verzweigt, borstig bewimpert. Blätter wechselständig, linear-lanzettlich, obere sitzend, untere in den Stiel verschmälert, borstig bewimpert.

**Keimpflanze:** Keimblätter oval. Laubblätter eiförmig, die ersten gestielt, die folgenden in den Stiel verschmälert, spärlich borstig bewimpert, entfernt gesägt.

**Blüte:** Zahlreiche kleine Körbchen sind zu einer reichästigen Rispe vereinigt, innen gelbe Scheibenblüten, außen mehrere Reihen unscheinbarer Zungenblüten.

**Blütezeit:** Juni – Oktober.

**Wuchshöhe:** 30 – 100 cm.

**Lebensweise:** ein- bis zweijährig, keimt im Frühjahr und bildet im 1. Jahr oft nur eine Blattrosette. Verbreitung der Früchte durch Wind, Regenwasser, Tier und Mensch und durch die Pflanze selbst.

**Standort, Boden:** sonnig, auf stickstoffhaltigen, trockenen Sand-, Lehm- und Steinböden.

**Allgemeines:** sehr häufig. Die übelriechende Pflanze wurde erst im 17. Jahrhundert nach Europa eingeschleppt und hat sich schnell verbreitet. Sie wächst gern an Mauern und Zäunen.

**Maßnahmen:** Pflanzen durch sorgfältiges Jäten und Hacken vor der Blütenbildung entfernen.

**Abbildungen:** zweijährige Blattrosette, Blüten- und Fruchtstände.

# Frühlingshungerblümchen
Gemeines Hungerblümchen, Kummerblume                    *Erophila verna*

**Pflanze:** Blütenstengel bogig aufsteigend, blattlos, unverzweigt. Blätter lanzettlich, ganzrandig, alle in flacher Rosette stehend.
**Keimpflanze:** Keimblätter sehr klein, nur etwa 1 mm im Durchmesser, rundlich, gestielt. Die ersten Laubblätter sind lanzettlich bis eiförmig, spitz behaart, Rosette.
**Blüte:** weiß bis rötlich. Blumenblätter tief eingeschnitten, auf kleinen Stielen, traubiger Blütenstand.
**Blütezeit:** März – Mai.
**Wuchshöhe:** 5–15 cm.
**Lebensweise:** einjährig, Keimzeit im Herbst und Frühjahr. Die Samen werden durch Wind, Regenwasser und den Menschen verbreitet.
**Standort, Boden:** sonnig, auf trockenen, nährstoffarmen, aber stickstoffhaltigen Lehm-, Sand-, Kies- oder Steinböden.
**Allgemeines:** häufig, aber unscheinbar, oft auf Kiesplätzen oder Mauerkronen und in Steingärten.
**Maßnahmen:** Es besteht kein zwingender Grund, das Frühlingshungerblümchen aus dem Garten zu entfernen.

**Abbildung:** blühende Pflanzen.

# Klettenlabkraut

Klimmendes Labkraut, Klebkraut                    *Galium aparine*

**Pflanze:** Stengel niederliegend oder klimmend, vierkantig. An den Kanten
mit abwärts gerichteten, stacheligen Haaren besetzt. Blätter am Rande und
auf der Unterseite ebenfalls mit Klimmhaaren besetzt, schmal-eiförmig, zu
4–6 in Quirlen an den Stengelknoten stehend.
**Keimpflanze:** Keimblätter länglich-oval, derb, mit eingezogener Spitze. Die
ersten Laubblätter sind eiförmig bis lanzettlich, mit Widerhaken auf der Ader
an der Unterseite.
**Blüte:** weiß, klein und unscheinbar, in Trugdolden in den Blattachseln
stehend. Blütenstiele länger als die Blätter.
**Blütezeit:** Mai – Oktober.
**Wuchshöhe:** 30–130 cm.
**Lebensweise:** ein- bis zweijährig, Keimzeit im Frühjahr und Herbst. Mit
Klimmhaaren zieht sich die Pflanze an anderen Pflanzen hoch. Verbreitung
der klettenartigen Samen durch die Pflanze selbst, Wind, Regenwasser und
Menschen.
**Standort, Boden:** Sonne bis Halbschatten, auf nährstoffreichen, humosen,
frischen, lehmigen Böden.
**Allgemeines:** Durch das Emporklimmen an anderen Pflanzen kann es diese
schädigen, wächst häufig in Gebüschen und an Zäunen.
**Maßnahmen:** jäten.

**Abbildungen:** Keimpflanzen, fruchtendes Kraut.

## Ruprechtsstorchschnabel
*Geranium robertianum*

Stinkender Storchschnabel, Nadelkraut, Heckenkraut

**Pflanze:** Stengel kriechend bis aufsteigend, verzweigt, behaart. Blätter bestehen aus 3−5 Teilblättchen, diese sind fiederschnittig gelappt. Je älter die Pflanze wird, desto roter wird sie.

**Keimpflanze:** ähnlich denen der anderen Storchschnabelarten.

**Blüte:** hellrosa bis rosenrot, von helleren Streifen durchzogen, zu zweien an behaarten Stielen.

**Blütezeit:** Juni − Oktober.

**Wuchshöhe:** 20−50 cm.

**Lebensweise:** einjährig. Die Samen werden bei der Reife fortgeschleudert und von Menschen und Tieren, Wind und Regenwasser verbreitet.

**Standort, Boden:** sonnig, auf stickstoffhaltigen Böden, gedeiht bei hoher Luftfeuchtigkeit besonders gut.

**Allgemeines:** häufig. Die Pflanze enthält ätherisches Öl, das beim Zerreiben einen widerlichen Geruch verbreitet.

**Maßnahmen:** jäten.

**Abbildungen:** Frühjahrsaustrieb, blühende Pflanze.

# Kleines Springkraut
Kleinblütiges Springkraut                              *Impatiens parviflora*

**Pflanze:** Stengel aufrecht, an den Gelenken leicht angeschwollen, meist im oberen Teil verästelt und beblättert. Blätter eiförmig, gesägt, wechselständig.
**Keimpflanze:** Keimblätter groß, oval. Die ersten Laubblätter sind eiförmig, gezähnt, unterseits rot überlaufen.
**Blüte:** hellgelb, mit geradem Sporn. 4—10 Blüten in aufrechten, blattachselständigen Trauben.
**Blütezeit:** Juni—September.
**Wuchshöhe:** 20—60 cm.
**Lebensweise:** einjährig, Keimzeit im Frühjahr. Die reife Frucht springt bei Berührung explosionsartig auf und schleudert die Samen aus.
**Standort, Boden:** schattig, auf gut durchfeuchteten, stickstoffreichen, kalkarmen Böden.
**Allgemeines:** kommt gelegentlich in Gärten vor, zuweilen in großen Mengen unter Sträuchern und Hecken, schwach giftig.
**Maßnahmen:** wenn notwendig durch Jäten beseitigen.

**Abbildungen:** Keimpflanzen, blühende Pflanze.

## Weiße Taubnessel
Weißer Bienensaug, Gewitterblume                    *Lamium album*

**Pflanze:** Stengel aufrecht, vierkantig, meist am Grunde gering verzweigt, locker behaart, unten oft rotviolett überlaufen. Blätter gestielt, kreuzgegenständig, herzförmig mit langer Spitze, gesägt, fein behaart.

**Keimpflanze:** Keimblätter rundlich, mit 2 Öhrchen am Grunde. Die ersten Laubblätter sind herzfömig mit abgerundeter Spitze, gekerbt, gestielt.

**Blüte:** weiß bis gelblich, helmartige Oberlippe. Zu 5−8 in Scheinquirlen in den Blattachseln sitzend.

**Blütezeit:** April − Oktober.

**Wuchshöhe:** 30−60 cm.

**Lebensweise:** ausdauernd, mit kurzem Wurzelstock und reichverzweigten, unterirdischen Ausläufern, die sich bewurzeln. Sie keimt im Herbst. Die Samen werden durch die Pflanze selbst, durch den Menschen und von Ameisen verbreitet.

**Standort, Boden:** Sonne bis Halbschatten, auf allen Böden, stickstoffliebend.

**Allgemeines:** sehr häufig, kommt oft zusammen mit der Großen Brennessel vor, an Mauern, Zäunen und Komposthaufen, an Hecken und unter Sträuchern.

**Maßnahmen:** Die Pflanze mit ihren Ausläufern jäten, beziehungsweise ausgraben.

**Abbildungen:** Frühjahrsaustriebe, blühende Pflanze.

## Gemeiner Rainkohl
Milchkraut, Hasenkohl, Wilder Kohl          *Lapsana communis*

**Pflanze:** Stengel aufrecht, oben ästig, unten steifhaarig. Die unteren Blätter sind gestielt, mit 1–2 Paar buchtig gezähnten Lappen und einem großen dreieckigen Endlappen; die oberen Blätter sind eiförmig bis lanzettlich, kurzgestielt, gezähnt. Die Pflanze enthält Milchsaft.
**Keimpflanze:** Keimblätter gestielt, oval, Spitze oft leicht eingezogen. Erste Laubblätter rundlich-oval, ganzrandig, gestielt, hellgrün.
**Blüte:** gelb, lockere Rispe mit zahlreichen Körbchen mit wenigen Zungenblüten. Frucht ohne Haarkrone.
**Blütezeit:** Juni – September.
**Wuchshöhe:** 20–120 cm.
**Lebensweise:** ein- bis zweijährig, keimt im Frühjahr und Herbst. Die Früchte werden durch Wind und Regenwasser verbreitet.
**Standort, Boden:** halbschattig, auf feuchten, nährstoffreichen und stickstoffhaltigen Lehm- und Tonböden.
**Allgemeines:** häufig. Die Pflanze tritt seit der jüngeren Steinzeit als Kulturbegleiter auf und wurde früher als Salat und Gemüse verwendet. Sie wächst oft an Mauern und Zäunen.
**Maßnahmen:** möglichst vor der Blütezeit jäten.

**Abbildungen:** Blattrosette, blühende Pflanzen.

## Frühlingsscharbockskraut

*Ranunculus ficaria*

Feigwurz, Schmalzkraut, Sternblümlein, Goldblümchen

**Pflanze:** Stengel niederliegend bis aufsteigend, verzweigt, hohl. Blätter fettglänzend, herz- bis nierenförmig, gestielt. Oft wachsen Brutknöllchen in den Blattachseln.
**Keimpflanze:** Keimblätter oval, kurzgestielt.
**Blüte:** leuchtendgelb, sternförmig, 8−12 Blumenblätter, einzeln auf langen Stielen.
**Blütezeit:** März − Mai.
**Wuchshöhe:** 5−20 cm.
**Lebensweise:** ausdauernd, keimt im Herbst oder Vorsommer und bildet zuweilen Wurzeln an den Knoten der niederliegenden Stengel. Verbreitung der Samen durch Wind, Regenwasser, Menschen und Tiere (vor allem Ameisen).
**Standort, Boden:** Halbschatten, auf feuchten, nährstoffreichen und stickstoffhaltigen Böden.
**Allgemeines:** sehr häufig, wächst als eine der ersten Frühlingsblumen hauptsächlich unter Gebüsch.
**Maßnahmen:** kann geduldet werden. Entfernung nur notwendig, wenn es Kulturpflanzen den Platz wegnimmt.

**Abbildungen:** Frühjahrsaustrieb, blühende Pflanzen.

## Stumpfblättriger Ampfer
Stumpfblatt, Butterampfer

*Rumex obtusifolius*

**Pflanze:** Stengel aufrecht, zuweilen rot überlaufen, einfach oder verzweigt. Untere Blätter groß und breit, eiförmig, am Grunde herzförmig, Rand leicht gewellt. Obere Blätter schmaler und kleiner, länglich-lanzettlich.
**Keimpflanze:** Keimblätter lanzettlich, in einen deutlichen Stiel auslaufend. Die ersten Laubblätter sind deutlich gestielt, eiförmig, später herzförmig ausgerandet, derb.
**Blüte:** Scheinquirle mit vielen unscheinbaren grünen Blüten, zur Fruchtzeit braunrot.
**Blütezeit:** Juni – August.
**Wuchshöhe:** 50–120 cm.
**Lebensweise:** ausdauernd. Die Pflanze hat eine lange, kräftige Pfahlwurzel. Keimung meist im Frühjahr. Sie breitet sich durch Wurzelschößlinge aus. Samenverbreitung vor allem durch den Menschen und durch Regenwasser.
**Standort, Boden:** Sonne bis Halbschatten, auf verfestigten, stickstoffreichen, nährstoffreichen, lehmigen und tonigen Böden.
**Allgemeines:** kommt häufig an Kompostlagerstätten und im Gebüsch vor.
**Maßnahmen:** Pflanze mit Wurzeln und Schößlingen ausgraben, durch ständiges Entfernen der grünen Teile aushungern.

**Abbildungen:** Blattrosette, Pflanze kurz vor der Blüte.

# Krauser Ampfer

Fuchsschwanz, Streifwurz, Wilder Tabak, Docke          *Rumex crispus*

**Pflanze:** Stengel aufrecht, kräftig, oft rot überlaufen. Blätter derb, groß, länglich-lanzettlich, am Rande deutlich kraus gewellt, nach oben hin kleiner werdend.
**Keimpflanze:** Keimblätter kurzgestielt, leicht gekrümmt, länglich-oval. Erste Laubblätter oval mit stumpfer Spitze.
**Blüte:** sehr klein, gelb-rötlich bis grün-rötlich, in Quirlen in einer Scheintraube zusammenstehend.
**Blütezeit:** Juni – August.
**Wuchshöhe:** 30–120 cm.
**Lebensweise:** ausdauernd, Keimzeit während des ganzen Sommers. Möhrenförmige, kräftige, innen gelbe Wurzel. Verbreitung der Samen durch Menschen und Tiere, Wind und Regenwasser.
**Standort, Boden:** sonnig, auf nährstoffreichen, schweren, dichten, lehmigen und tonigen Böden.
**Allgemeines:** häufig, wächst auf Kompostlagern.
**Maßnahmen:** jäten und ausgraben.

**Abbildungen:** Keimpflanzen, blühende Pflanze.

# Liegendes Mastkraut

Kleines Vogelkraut, Moosvogelkraut

*Sagina procumbens*

**Pflanze:** Stengel niederliegend bis aufsteigend, meist reichverzweigt, im Frühjahr kompakter, im Sommer lockerer. An den Knoten der Stengel bilden sich Wurzeln. Blätter schmal lanzettlich bis linealisch, mit Stachelspitze.

**Keimpflanze:** Keimblätter schmal lanzettlich. Die ersten Laubblätter sind nadelförmig.

**Blüte:** klein, weißlich. Die 4, gelegentlich 5 Blumenblätter sind deutlich kleiner als der grüne Kelch. Blütenstiele stehen in den Blattachseln.

**Blütezeit:** Mai – Oktober.

**Wuchshöhe:** 2–5 cm, gelegentlich auch höher.

**Lebensweise:** ein- bis mehrjährig, Keimung meist im Frühjahr. Die Samen werden von Wind, Regenwasser und Mensch verbreitet.

**Standort, Boden:** Sonne bis Halbschatten, auf dichten, nährstoff- und stickstoffreichen kalkarmen Lehmböden, oft in Mauerritzen oder zwischen Steinen.

**Allgemeines:** stellenweise häufig. Die Pflanze wächst oft in moosartigen Polstern.

**Maßnahmen:** Das Liegende Mastkraut stört im Garten kaum, bei Überhandnehmen ausstechen, auf Wegen durch Hacken beseitigen.

**Abbildungen:** Frühjahrsaustriebe, blühende Pflanze.

## Echte Sternmiere

Große Sternmiere, Blumengras, Jungferngras          *Stellaria holostea*

**Pflanze:** Stengel aufrecht, unten vierkantig, zerbrechlich. Blätter fast waage-recht abstehend, gegenständig, sitzend, linealisch-lanzettlich, spitz.
**Keimpflanze:** ähnlich der der Vogelmiere, Keimblätter und erste Laubblätter schmaler.
**Blüte:** weiß, sternförmig, etwa doppelt so lang wie der Kelch, mit krautigen Hochblättern. Blumenblätter fast bis zur Mitte gespalten. Gabelästige Trug-dolde.
**Blütezeit:** April – Mai.
**Wuchshöhe:** 15–30 cm.
**Lebensweise:** ausdauernd. Die Frühjahrstriebe sehen grasartig aus, sind allerdings heller als das umgebende Gras. Samenverbreitung durch die Pflanze selbst.
**Standort, Boden:** halbschattig, auf lehmigen, etwas sandigen, nährstoff-reichen Böden.
**Allgemeines:** Die Pflanze ist in Hecken und Gebüschen ziemlich verbreitet.
**Maßnahmen:** stört kaum und kann geduldet werden.

**Abbildungen:** Frühjahrsaustriebe, blühende Pflanzen.

## Geruchlose Strandkamille

Falsche Kamille, Brautschleier                    *Matricaria perforata*

**Pflanze:** Stengel aufrecht, erst von der Mitte an verzweigt. Blätter doppelt bis dreifach fiederteilig, fein, ganz schwach aromatisch.
**Keimpflanze:** Keimblätter eiförmig, derb. Die ersten Laubblätter sind zunächst lanzettlich, die späteren fiederspaltig. Endfieder dicker als bei der Echten und der Strahlenlosen Kamille.
**Blüte:** Körbchen mit gelben Scheibenblüten und weißen Zungenblüten, einzeln an Stengeln stehend. Blütenboden aufgewölbt und markig (bei der Echten Kamille ist er hohl).
**Blütezeit:** Juni – Oktober.
**Wuchshöhe:** 20–60 cm.
**Lebensweise:** einjährig bis ausdauend, Keimzeit im Frühjahr und Herbst. Die Früchte werden durch Wind und Regenwasser, Tiere und Menschen verbreitet.
**Standort, Boden:** sonnig, auf nährstoffreichen, stickstoffhaltigen, lockeren, kalkfreien Böden.
**Allgemeines:** enthält im Gegensatz zur Echten Kamille kaum ätherische Öle, wächst häufig an Kompostplätzen und Wegrändern.
**Maßnahmen:** jäten.

**Abbildungen:** Keimpflanze, Blüten.

## Große Brennessel
Echte Nessel, Hanfnessel, Donnernessel                    *Urtica dioica*

**Pflanze:** Stengel unverzweigt, aufrecht, vierkantig, mit langen Brennhaaren. Blätter länger als ihr Stiel, kreuzgegenständig, länglich-eiförmig, spitz auslaufend, am Grunde herzförmig. Rand grob gesägt, mit Brenn- und Borstenhaaren besetzt.
**Keimpflanze:** Keimblätter spatelförmig. Die ersten Laubblätter sind eiförmig mit Spitze, schwach gesägt, behaart.
**Blüte:** in der Regel getrenntgeschlechtlich zweihäusig; unscheinbar, grünlich, in blattachselständigen, rispigen Blütenständen. Die männlichen stehen steif ab, die weiblichen hängen.
**Blütezeit:** Juni – Oktober.
**Wuchshöhe:** 30–150 cm.
**Lebensweise:** ausdauernd. Die Pflanze hat verzweigte, holzige Wurzelstöcke. Keimung im Frühjahr. Über kurze Entfernungen werden die Samen durch den Wind verbreitet, über weitere durch Menschen und Tiere (Vögel).
**Standort, Boden:** halbschattig, auf lockeren, feuchten, nährstoffreichen, humosen Böden.
**Allgemeines:** sehr häufig. Die große Brennessel tritt zuweilen in Massen auf, besonders in Gebüsch und Hecken.
**Maßnahmen:** Die Pflanze ist schwer zu beseitigen, sie muß mit dem gesamten Wurzelsystem ausgegraben werden.

**Abbildungen:** Frühjahrsaustriebe, blühende Pflanze (oben weibliche, unten männliche Blüten).

# Vogelwicke
Ackerwicke, Vogelheu

*Vicia cracca*

**Pflanze:** Stengel dünn, einfach oder verzweigt, weichhaarig. Klettert mit Hilfe der Blattranken. Blätter gefiedert, anstelle des Endblättchens eine verzweigte Ranke. Die 10–20 Teilblättchen sind länglich bis lanzettlich, mit anliegenden weichen Haaren.

**Keimpflanze:** Keimblätter nicht sichtbar, unterirdisch. Erste Laubblätter mit 1 oder 2 Fiederpaaren.

**Blüte:** 20–40 blauviolette Blüten stehen in einer lockeren Traube. Diese ist langgestielt, steht in der Blattachsel. Einzelblüte um 1 cm lang.

**Blütezeit:** Juni – August.

**Wuchshöhe:** 30–150 cm.

**Lebensweise:** ausdauernd. Die Pflanze hat einen Wurzelstock mit Bodenausläufern. Keimung meist im Frühjahr. Die Samen werden vom Wind, von der Pflanze selbst und von Menschen verbreitet.

**Standort, Boden:** sonnig bis halbschattig, auf nährstoffreichen, humosen, aber kalkfreien, tonigen Lehmböden.

**Allgemeines:** stellenweise häufig, klettert an Hecken und Zäunen, aber auch an anderen Pflanzen hoch. Die Blüten sind zierend. Die Pflanze ist nicht unbedingt als Unkraut einzustufen.

**Maßnahmen:** falls es erforderlich ist, Pflanze mit allen Ausläufern entfernen.

**Abbildungen:** Frühjahrsaustrieb, Blütenstand.

# Zaunwicke
Herrgottschuh

*Vicia sepium*

**Pflanze:** Stengel einfach oder verzweigt, aufrecht oder kletternd. Blätter gefiedert, die 8–16 Teilblättchen sind oval, am Ende wächst eine verzweigte Ranke.

**Keimpflanze:** Keimblätter unterirdisch. Die ersten Laubblätter sind zweigeteilt, Teilblättchen oval mit Spitze.

**Blüte:** hellblau bis violett. 2–6 Einzelblüten stehen auf sehr kurzen Stielen als Trauben in den Blattachseln.

**Blütezeit:** Mai – August.

**Wuchshöhe:** 30–60 cm.

**Lebensweise:** ausdauernd. Die Zaunwicke hat einen Wurzelstock mit dünnen Bodenausläufern, keimt meist im Frühjahr. Die Samen werden durch die Pflanze selbst und durch Tiere verbreitet.

**Standort, Boden:** Sonne bis Halbschatten, auf stickstoffhaltigen Lehmböden.

**Allgemeines:** sehr häufig, klettert an anderen Pflanzen hoch.

**Maßnahmen:** Pflanze mit den Bodenausläufern entfernen, durch ständiges Beseitigen der grünen Teile aushungern.

**Abbildungen:** Frühjahrsaustriebe, blühende Pflanzen.

# Register